Yagyu

北京上河卓远文化传播有限公司 出品

柳 生

蔡小容 著

河南大学出版社
HENAN UNIVERSITY PRESS

图书在版编目（CIP）数据

柳生／蔡小容著.—郑州：河南大学出版社，
2019.9
ISBN 978-7-5649-3856-7

Ⅰ.①柳… Ⅱ.①蔡… Ⅲ.①中篇小说-小说集-中
国-当代②散文集-中国-当代 Ⅳ.①I217.2

中国版本图书馆CIP数据核字（2019）第180159号

柳生

著　　者　蔡小容
责任编辑　蒋海涛　张引弘　王明娟
责任校对　杨全强
封面设计　郑元柏

出　　版　河南大学出版社
地址：郑州市郑东新区商务外环中华大厦2401号　邮编：450046
电话：0371—86059701（营销部）　网址：www.hupress.com
制　　作　北京大观世纪文化传媒有限公司
印　　刷　河南瑞之光印刷股份有限公司
版　　次　2020年2月第1版　　　印　　次　2020年2月第1次印刷
开　　本　889mm×1194mm　1/32　印　　张　8.625
字　　数　153千字　　　　　　　定　　价　40.00元

版权所有，侵权必究
（本书如有印装质量问题，请与河南大学出版社营销部联系调换）

自序

这个集子里的文字，是我电脑里压箱底的东西了，多年未检视，几乎忘却。其中"非虚构"的那部分大多写于1999年至2001年，我二十多岁的时候用"麦琪"的笔名写散文，写了十年，那两年里写了不少有关童年的小篇什，我沉溺于对童年的回忆中，它对我像故乡一样亲昵。2002年我突然写了个长篇小说，停顿了散文。曾想就此改写小说。2004年，我怀孕了，而小说也同时在孕育，那几个月我写了《柳生》和《花儿》，因为不能多用电脑，我是先用铅笔写在本子上再誊到电脑上去的。写《柳生》是在怀孕六个月的时候，写完《花儿》已怀孕八个月，肚子大得再坐不到桌子前面去，也就停笔。孩子出生，忙乱不休，而那时我多么想写，没有写作的日子我很抑郁，每天陷在奶瓶尿片中，看不到一点对未来的希望。孩子快一岁的时候我艰难地写了《春早》。因为每天只有一个小时的时间，我又有强迫症，每天必须从头开始看，边看边改再继续，所以往往还没有新写一个字，一个小时就到了，关上电脑去弄小孩，次日再重来。这篇小说不长，而且先前有一篇几千字的散文作基础，在这个基础上我还写了二十天。随后我又花了将近一个月写《三角》。这四个中篇是加上了想象的虚构作品，其中那个叫"伍小谷"的女孩，不同于散文中的我自己，我是"小麦"，她是"小谷"，我就这样定义并划分了这两辑的文字。我发现在经过了虚构之后，许多本来在我记忆中纤毫毕现、分毫不差的事情，我不再记得清楚了，回忆与想象混淆，我只剩下了我写下来的版本。

这四个中篇小说只有《柳生》发表于《十月》2006年第1期。《三角》曾得到《收获》的编辑来信建议修改，但未通过终审，《花儿》《春早》我也投过几家文学刊物，均无下文。我一向与文学圈暌隔，偶尔翻看一下文学期刊，看别人的小说是怎么写的，就知道我的写法完全不对路，而我只能按自己的写，遂断了尝试的心。十多年过去了，等我再重读它们，我惊诧于它们的好——当时，我对自己的文字有着绝对的自信，现在看来，的确是在最圆熟精纯的状态中，通篇几乎是一字不可易，亦不知从何处想来，我追不上当年的我。这些年，我的心气在逐步地减弱，觉得自己微渺不值一提，同时记忆力也大为衰退，曾经被我牢记了多少年的往事，在我四十岁以后都渐渐忘掉了。我也再不会有那么浓烈的喜怒哀愁，我的心已淡而平静，年龄渐长，我再写不出这样的小说来了。所以我庆幸我当时在条件最艰难的时候，拼命写了它们出来。

写这几篇小说的同时，我的生活是与孩子为伴，她先在我肚子里后在我怀抱里，我那两年写不了别的，就用边角余料时间写了些育儿的随笔贴在博客上，整理成文，有几万字，精选出一部分收入本书作为写作的背景和参照，这就是第三辑"小穗"。我在回忆我的幼年，幼年的女儿在我眼前，这是童年的另一种重现。

这些小说和散文里，有我生命的元气，尽管它们也暴露了我性格中的缺陷。年轻时的我，少年时的我，小时候的我。很多人还记得那个写了好多文章的麦琪，我却不怎么记得她了，读这些小说、散文、随笔，我看见了她的背影。

2018年11月11日

柳生

"柳生，你还等什么？"坐在对面的人说。

柳生不说话，单手撑起到来。这是一个结束生命的下午，天色是正合心意的阴而清朗，对遣柳生的白色和脆络加清雅。四周蹲踞着的妖魔可以忽略，外围正在逼近的新兵也不足行惧。那个奋力要冲进场内的人在高喊柳生的名字。柳生兄，你

目　录

自序

小谷 *想象与虚构*

柳生	3
花儿	43
春早	91
三角	107

小麦 *回忆与非虚构*

我汲川上流	153
理发	159
辫子	162
螳螂	164
洗脚	166
爬竿	168
烈日下	170
王周勤	173

邻居们	178
摸鱼儿	188
堂前燕	191
悟空	198
"汤司令到——"	201
钥匙	209
美术课	214
春风不醉	219

小穗 现实与重现

天戟	229
小穗在麦子那里	232
像妈妈	234
喂奶的难题	236
穗子呀,你快点吃	240
我是 mama	243
华容道	246
万奶奶语录	248
操场上	250
树下开会	252
梦甜	254
拟状	256
爬山	257
叠印	260

小谷
想象与虚构

柳生

"柳生,你还等什么?"坐在对面的人说。

柳生不说话,单手擎起剑来。这是一个结束生命的下午,天色是正合心意的清朗的阴,衬得柳生的白色和服倍加清雅。四周蹲踞着的妖魔可以忽略,外围正在逼近的厮杀也不足介怀。那个奋力要冲进场内的人在高喊柳生的名字。柳生兄,你千万不能这样做!柳生的剑已经出鞘,他的白色衣衫也褪去了半边。他的脸因为一种端凝的神情而澄明如水晶。他看着他的剑。他的剑果真是一把竹剑,要看出这个其实不必等到他把它从鞘中抽出。现在,剑尖抵在他的心之下,竹子的质地在他眼前就呈现得更加清楚。他面前的案上一钵清水,旁边一杆长柄竹筒。他左手执起竹筒舀出一筒水来,从剑的上端缓缓浇下。水准确地顺着竹子的纹路流向剑尖,没有滴漏,同时一幅白绢也已替去他左手的竹筒,把剑上的水渍揩拭了。洁净是一种仪式,剖腹是一种程序。双手握住剑身,他举起剑,对准自己。今天就是自己死去的一天,此时就是自己去死的时辰。从出生即蛰伏着的谜题,现在揭晓。命就握在自己手上,只看手中的剑在哪一刻落下。竹剑也有锋,它易折,也可以柔韧。它出自他至爱之人的手,它将刺进他的身体了结他的性命,他因了为他削出这把竹剑的她而对赴死更多甘愿。他举起剑,看见了他和她在一起的一幕幕闪回,那最欢乐和最痛楚的。他在小客栈里握住她的手,她脸上现出花烛前的羞涩浅笑。她在看梅花时晕厥倒地,他抱起她在街上狂奔,去找医生。她仍是死去了,无论他怎样苦苦撑持,做出一切牺牲。他来这世间一趟,遇见了她。他即将结束的生命中尚存她的影像,剑一刺下,这伴陪他的幻象就会破灭。他由之对这尚存她影像的生命生出一丝依恋。

柳生兄,你千万不能这样做啊!

那个被前仆后继团团围住的人在继续高喊。太多的人来阻止他,不让他阻止场内的死亡仪式。他眼看柳生的剑即将落下,情急中把自己手中的长刀向柳生掷来。一直对他的喊叫置若罔闻的柳生在长刀飞来时抬头以自己专注着的竹剑的柄击开它,随即剑尖就势回刺向自己。

竹剑刺进了他腹中。长而易折的竹剑,可能有些许的折断,他的腹里知道。不能再用力使它断裂,不能多用的力却使它柔韧,与他的腔肠绞缠。无可设法,死亡原来是够不着的岸,疼痛像一把断剑的形状,嵌顿在他身体里。他扑跌在垫托他切腹的白布上，白衣包裹着他的剑和他的颤抖。

柳——生——！

那个竭尽全力要挽救他的生命而看到了这一切的人撕心裂肺地喊道。

坐在右首高凳上的李坤回头看了我一眼。我没有看她，是她脸上那种满意的得色投射到了我的感知里。我的脸没有给她任何表情，但我浑身上下那抑制不住的抖颤，全给她的眼睛摄去了。我特意坐在房间最偏的角落，坐在她们所有人的视线之外以藏避我在看电视过程中出现的抖颤，现临到终了，李坤却向我投来这么一瞥。这一瞥相当刺探、侵犯，不利于我，其实也不利于她——人在某些状态下是不能去看的，看与被看都令人羞耻。像我刚才就不去看她，尽管我明了她的心事恰如她明了我的。她可能也借着室内光线的掩映，为柳生的自剖而动容，可剧集一结束她就收起那个神态，换一种把握了我的得意神色朝我看过来。

你之所以知道我心里想什么，就是因为你心里想的和我是一样的。——这句话我不说，李坤难道想不到吗？

房间里没人说话。这屋子的主人关了电视，拉开窗帘，我们纷纷站起身，拿起靠在墙边的扫帚、铁锹、撮箕出来。屋外竟是个艳阳天，我在进屋之后就忘记了这个。和煦的微风轻摆，透过树叶缝隙漏出来的阳光在地上斑斑驳驳地晃动。我身处的现实世界容纳着我的心旌摇荡。

班主任让我们几个班干部在这个星期天的上午八点半到校再做一遍大扫除。因为市里的卫生大检查是在下午，头天同学们一起扫过了的操场又会产生一些新的垃圾。我们以更高的标准重新扫操场，撮垃圾，提水掏阴沟，我无望地错过了九点钟要放的电视剧集。是最关键的一集，会令我心颤、心碎的一集。做完扫除已经十点过，我们去住在学校里的同学家休息，拧开电视，却意外听到主题歌，这一集正开始。不知道电视台因为什么原因把播映的时间向后推迟了一小时，好像是为了等着我，也好像是我的心牵拉着它，在我来之前它不能开始。我看到失而复得的柳生的脸，那被重重压力和痛苦困顿得心力交瘁却愈加动人的脸容。我看见他这样一个人要亲手以最惨烈的方式毁灭自身。我不能自禁，浑身不体面地瑟瑟发抖。

那时我读初二，十二岁。

长久以来回忆起我的初中三年我都觉得是一片枯荒。寸草不生虽不至于，但黄泥沙地上生长的都是败了节的、僵死的枯草，山风一吹就毫无抵御和持守地摆来摆去。其实这三年应该是青黄不接、别有滋味的一段，从孩童转变成少年。即使我转变得相对迟缓、滞后，心理土壤上也会有催发着的萌动觉醒。可我对这一段的印象就是枯荒，记忆中的我是一个孩童的面目将褪不褪、少女的姿态欲来不来,被各种我应付不暇的要求催逼着来不及生活的模样。唯有想到柳生的时候我才有一种充沛丰盈的感觉。他是荒地上一株从容生长的草,我日日浇灌使他繁盛,没有让他受惊扰。

柳生是什么时候出现的,我已经想不起了。是这个神情忧郁离群独处的日本武士吸引了我的注意之后我才努力往前回想,搜寻他的行踪,只徒劳无功。电视剧由电视台放,放过了的就由不得你想再重看。他应该是在第一集就出现了,当时剧情尚未入港,我看得也漫不经心。要二十年之后我才得以重看——他隐身于一丛灌木之后,半低着头,戴黑色护套的双手抚握着他的名贵双剑的剑柄。不远处豪邸里走出一对父女,走向停在门口的汽车。他在树丛后跟着他们走了几步,目光追随着那个纤弱秀美的中国女子;女子也回头看他,眼神里尽是惆怅。——这部剧实在很旧了,我买到的碟不巧又是一个从电视上翻录的版本,所以画面越发地昏朦古旧,像一个梦境。我在二十年后重又走入这个梦里。

依稀可以推断这个情节发生在午后——他等候的女子是同她父亲赴完宴出来的,他等他们的汽车开走了,才离开去喧闹的街上买馒头。判断出时间之后,我仿佛又看出当时的天色微微有晴意。啊,那时候他的天空还有阳光。十二岁的我还并不真正明白感情是什么:是为了倾心相爱的女子,抛却显赫的声名、地位和锦衣玉食的生活,越过两个国家间日益浓厚的敌意,从日本到中国来,做一个微贱的浪人,为此时时处处承受来自各方的敌视和折辱。这些他都不在乎;他以沉默的孤傲面对一切,只要能经常看到他心爱的女子,这被阻挠的、无望的爱情没有结果他也接受。当年的我只能从书面上懂得他,而要真正从心灵上懂得,还得等,等到若干年之后。

升入初中之后集中产生了许多的新鲜印象。几十张新面孔坐在新编的座位上,新认识的班主任分发下新教材来。我记得李坤当时的一个表现:在其他人乱哄哄从前排往后排的传递中,她独自低头在看刚刚发到手的《生理卫生》课本,从她毫无遮掩的眼神发直的惊异可以知道她在看哪一章的内容。这里,我应该是记错了,因为初一年级的生物课是《植物学》,初二是《动物学》,初三才是《生理卫生》。初三时的所见给我的记忆嫁接到了两年之前,可能是为了构成李坤留给我的完整印象,这一细节,原是不易忽略的。我还听到其他女生说过李坤的这个细节:

"……真恶心,她拿到书就在那儿看!"

李坤留着个男仔头,头发天生微卷。眉毛粗浓,大眼,嘴唇上方也有较长的汗毛,穿件夹克式外套却又是鲜红色的。我最先看到她时不知她是男是女。她的家住得远,每天早晚要搭公共汽车往返,中午在学校食堂里搭伙。而我的家离学校是最近的，就在学校对面，只隔一条马路。站在我家楼顶平台上可以俯瞰这所中学的操场上学生列队做操。

说我住得最近，得除开班上的几个本校子弟，他们的家干脆就在校内。我们整个年级有二十多名教工子弟，包括本校教工的四五个，全在我们班上。还有小学毕业会考的头几名，包括我，也全在这个班上。凭此一点，稍经世故的人就会敏感到这个班的班主任在学校里绝对是个人物，不然如此利害攸关的一个班不会交在她手上。我们班主任姓杜，名字很惊人：杜则天。以至于家长们打听了她的大名都要敬畏地"哦"一声。杜则天有三十五六岁，是个大块头。她常穿着灰色春秋衫、灰色长裤，走路两手背在背后，穿黑色搭袢布鞋的大脚有点外八字，形成她的一种固定姿态。与她的身材相配，她的脸庞也相当大，大、长、椭圆，我不好说她是烧饼脸。杜则天不能算难看，只是她的一双眼睛坏事，它们是三角形的。这一对长三角形的眼睛在她威严的时候能增加她的锐利，在她和蔼的时候则难以柔和。她教语文。

杜老师眼力敏锐，刚接触我们没几天就抓住了一些人的特长把班干部选出来了。

"伍小谷的字写得好好噢！又能写又会画，就当宣传委员吧！每个星期负责出一期黑板报！"这是对我说的。

"李坤住得远，每天有很多时间在学校里。我们请她当生活委员，多为大家服务。"

"温轩轩,你当语文科代表。每天的作业本给我送到办公室来。"温轩轩的爸爸也在本校教语文,和杜老师在同一个办公室。所以杜老师认为温轩轩的语文家学渊源,应该很好。

班长、副班长、学习委员、文艺委员、宣传委员、生活委员、体育委员、各科科代表,杜老师麻利地一一指定好了。班集体开始运转。

给一群正在开始发育的孩子当班主任挺麻烦。开学没多久,有女生请了一天病假,次日由家长陪着来上学,找杜老师谈了一会儿话。中午放学时杜老师让全体女生留下来。

两个调皮男生装着在最后一排写作业,也留下不走。他俩还假意地讨论题目。

"你们两个在这里干什么?"杜老师发话了。

"做作业。"平时不爱做作业的调皮男生装得很无辜。

"走走走!"杜老师的脸说变就变,疾言厉色。

两个匆忙收起摊子仓皇而逃。女生们银铃似的笑声送着他们。

等他们跑掉了,杜老师才开始讲话。她的脸微微上仰,脸部肌肉却刻意向下扯,以表达她不愿意说而不得不说的一种态度。她的眼神也强化出鄙夷的意思。

"你们进中学了,人也有这么大了。有些事情,也应该都晓得了……"

什么事?什么事?我们面面相觑。

"……我也不好说得，我也不在这里说。你们自己心里应该清楚……"

有几个女生沉吟着低头不作声，她们估计晓得是什么事。大部分人如堕五里雾中。

"……来了，也没有必要羞羞答答的。也没有必要请病假。如果碰上最厉害的那两天，上体育课就见习。和男同学要大大方方地交往，不要往歪里想害了自己一辈子。"

她到底在说什么？听起来像是我们有什么潜在的错，在受她责备。好在是群体承受，每个人的忐忑不安只是一小份儿，被她放出教室后还能彼此勾连。

"是什么事呀？"

"不知道呀！真吓人！"

"老师说的是不是……那个？"

"是的是的，别说了。"

知道的女同学的讳莫如深使我想起公共女厕所里经常可以看到的东西，沾浸了血的卫生纸。其实我们从小就看到它们，但那是成年女人的事情，与我们无关。她们都是遮掩着处理它，不慎掉落在坑位旁边的都要赶快伸脚踢进坑里去，不愿意人看到，更不许人提。她们低着头打理好衣服内里的这些层次，然后才站直身体提起外面的长裤，系好腰带，抻平衣襟，走下坑位离开。我还记起上小学四年级时在厕所里撞见的滑稽一幕。我的一个同班同学，一个在班上称王称霸无人可以管束的野女生，她居然和那些女人一样褪去裤子从腰间解下那么一条布带！我和一起走进厕所的同伴当即哈哈大笑起来，那个野女生也弓着身子对我们哈哈大笑，我们三个在没有别人的厕所里笑得直不起腰来。这个野女生实在是疯野得没有边了，大人的这个她也去学呀！可是我看得清清楚楚，牵在她裆间的卫生纸上根本就没有血呀！

我在嘻哈笑着讲给一个比我大的女生听时被她低声喝止了：

"别个月经来了。别说！"

柳生蹲坐在一个街角砍柴。他低着头，我们看见他蓬松的武士髻由两根带子系着。他不去理会已经推进到他身畔的混乱打斗。一群寻衅的日本浪人欺侮中国人遭到了有力的还击，被追打得落花流水，就在他的身边乱作一团。一个浪人冲他叫嚷："你也是东洋人哪，怎不来帮忙……"柳生不理。浪人伸手想夺过柳生的斧头，柳生劈手把他推出几尺远。柳生抱起地上劈好的一垛柴自顾走到一户人家门口。一个老女佣出来，示意他把柴放在门内一个角落里，再从衣兜里掏出几文钱给他。他接过钱，向她鞠了一躬，临离去时他回头对身后没完没了的群殴投去一瞥，眼神里流露出厌弃。他决然地走开了。

每个星期六下午我都得挨到很晚才能回家。因为要等李坤锁好门把钥匙给我,我星期天要来教室里办黑板报。李坤又是生活委员,周六放学后她要分派任务,每个人完成了任务还要来找她检查,她说行别人才能走,她说不行就得重做。有时她忙不过来,叫我帮她检查。在李坤那里通不过的人,在我这里就能通过,因为我做不到李坤那样的斩钉截铁:"不行,再做一遍。"我明明看到桌子窗户没擦干净,我还是说:"恩,恩,可以吧。"所以大家索性背好了书包再来找我检查,我一说行他们就飞跑掉:"伍小谷都说行了!"

李坤就埋怨我,拉我一起把没擦干净的桌子窗户再擦一遍。

如此我耗掉了许多个星期六的傍晚和星期天的下午。星期天的下午相对还自由些,我一个人在教室里写写画画,一个人做主办好教室后面的黑板报,效率很高,只是时间奉献出去了。杜老师对我的字和画极端满意,对我选择的题材则始终不满意。"内容太幼稚了。'智力游戏',这完全是给小学生看的嘛!你说呢?"

可是她也没有给我提供任何内容。我空手造不出车,有时一期墙报拖了好几天办不出来。杜老师发了脾气:"伍小谷你怎么搞的?做事情怎么这样拖拖沓沓的?这黑板报一直就空这么半边算怎么回事,啊?!在教室外面看着就不像话,老师们还天天来上课呢,都看着!他们心里都有数,要评比可就有话说呢!"

她发作完了,指派葛鸣镝来给我做帮手。葛鸣镝是个男生,应该会利落些,而且也能写会画的,跟我有同一类路数。

葛鸣镝从前跟我在一个小学,在美术小组里一同活动过几年。他个头不高,相貌也普通,但是很有凝聚力,一大帮男生喜欢围着听他胡吹海侃。他进初中的时候没有被杜老师发现是个人物,一个学期之后班委改选,就有不同的同学投票推选他为班长、学习委员、文艺委员、宣传委员乃至体育委员,而他一个都不当。别人中选了是上讲台表示将好好工作,他中选了是上讲台表示坚辞。他精彩的演说惹得全班又大笑一场——他什么都不当,可是比当了的人威信更高。

葛鸣镝也肯帮忙。他星期天下午带份报纸来学校跟我会合,帮我抄一段文字,画一个角花,有一搭没一搭在旁闲散地看看报,等我把全部弄完再各自回家。有时候他在,住在学校里的温轩轩也来教室找他说话。温轩轩长得很帅,像个略具雏形的周润发。他也致力于发展一批拥趸围绕自己左右,不过他做得不及葛鸣镝那样散淡而自成风流。于是他积极地与葛鸣镝为伍,造成一种英雄识英雄的气象。

入夜,柳生装束停当,将横放在木方桌上的两把剑一一拿起往腰间插好。两把长剑一先一后以交错的形态佩进他的腰间是他的惯常动作，他在做这个的时候姿势准确而凝重。他垂着眼，看的是他自己内心的某处，他绝对是看不到我的，即使他的目光对着镜头，于我也是走不进去的间离。他的以细绳束住的头发有些许垂落在鬓边，含住他清癯的脸上清冷的寂寥。这寂寥带着甘愿，拒人千里，令人爱怜而不得。他慢慢捻灭方桌上的油灯，屋里的光线就暗下去了。我们看见他在黑暗中转身走了出去。

他的恋人知道，柳生每晚在她的院外吹箫。箫声和夜非常和谐。箫和柳生也是十分般配的。横笛竖箫，他宜于竖。不知他盘腿坐在哪一角的石头上，竖的箫抵在他唇边，箫的音就随他心韵的流转袅袅出来了，在夜空里盘桓。箫声悠扬宛转，低回，低回不已。箫声当然是语言，如怨如慕，如泣如诉，前人已经很精辟地形容过了。

李坤说她每晚十二点睡觉，这让我很惊讶。我还保持着小学的作息节律，九点左右就上了床。我和妈妈妹妹睡一张大床，她俩睡一头，我睡另一头，和妈妈共一个被窝。她们很早就睡熟了。上小学的那几年，有时候我夜里害怕，就侧身抱住妈妈的脚，然后我就安心睡着了。

人长大了些，好像确实不需要那么早睡。躺着不睡着，可以想一想白天无暇想的事情。把手搁在胸前的时候，触碰到胸脯，会莫名其妙地生出一股羞意，把手挪开就没有了。

这很奇怪，从前不曾这样过，在更小的那些年里我的身体没有任何敏感之处。这难以捉摸的羞意仿佛是教我羞字怎样写，我悟出它实在是一个恰如其分的字，贴切地形容出此时此地的难为情。这股羞跟随着我的手游走，直到我的手抵达腹部、胳膊或后背，它才消失。虽然黑暗里只有我自己，我还是觉得不能忍受。由此我知道了，这产生了微妙变化的前胸是触碰不得的一个区域。

初二那一年我们搬家了。新家是一套两室一厅。我和妹妹睡小房间，她睡得早，在她睡着后书桌前台灯笼罩下的那一片幽明便是我一个人的天地了。我也开始迟睡，每晚在这片幽明下磨蹭到十一点之后。工作辛苦的爸妈很烦我迟睡，因为次日早上叫我不起，他们担心他们先出门后我慌里慌张顾不上锁好门，来不及吃早点，在街上跑被车撞到，并且迟到。这样他们在早上总是心情不好，我也讨厌这催人逼命的早晨。

但一个人的夜晚是迷人的。

闲书需要时间看，不能老是在白天做手脚压在语文课本下偷看。爸爸发现了是骂过我的，杜老师更是视之为大不韪：我这样的好学生也会来这一手！可是什么书都比语文课本好看哪。有的书给他们发现了还算是正常范围的出格和不自觉，有的书，则是万万不能被他们看到的。譬如，关于柳生的书。那部风靡一时的电视剧在市面上出了多种版本的连环画，有摄影的也有绘画的。我用省下的早点钱买了许多，藏在抽屉里，到夜深人静时才拿出来看。看他被摄取下来的各种神态——电视上稍纵即逝的影像，此时盈可一掬了。

我临摹过好几幅他的图片，都不成功。他的好看并非在于工整的五官，而在于他脸上某些难以言喻的动人神态，寡言少语的他的种种神思全靠它们来传达。神态真是难描难画。动人的神态都有着微妙的分寸，含着情感。我的画笔变得钝拙了。只有一张，画到了七分神似，在纸上重现了一个大致的他。我把这一张图夹在笔记本里，带到学校去了。

我决定也像李坤一样在学校搭伙。这样每天中午就盈余出一两个小时，从课程表的排列和上学放学的路线中脱离出来。

食堂里吃些什么菜？每个窗口都排长队。青椒肉丝、炒土豆片、烧豆腐、咸菜汤。都不好，但是省时间，十五分钟就吃完了。剩下的，就是自由。

正午的阳光压下来，将我的影子压缩，团在我的脚边。我站立，行走，转身，影子都毫不伸展，它短短的，寸步之内与我厮磨厮缠。影子不自由，我自由了。

我和李坤蹲在沙坑里。我学她的样，抓一把沙洗碗，去油污。沙坑旁边是一排双杠，由低到高。学校里只有寥寥几棵梧桐树，树荫很少，大部分时间我们都暴露在日光下。

跟李坤说话没什么意思。她一板一眼的，时常套用杜老师的口气；说点她自己的事情呢，她又总说得淡而无味。

我把双臂搁在双杠上。李坤看见我上衣口袋里塞着一本小书，就伸手把它抽了出来。是柳生的书，我一时不防把他带在了身上，刚才又不慎腋下虚空，把他暴露了。给李坤看到，应该不算什么，她是个心思不细腻的人。我没料到她一看封面立即转身抛下我走到墙根那儿看去了，没顾上再跟我说一句话。我站在双杠前远看她聚精会神的姿态，那姿态仿佛在向我展示一种心事。

"你借我带回家看看。明天还给你。"她明明已经看完了，为什么还要带回家？

第二天她没有给我带来，说忘了。第三天她又忘了。我不好意思催她，过了一个周末她说书找不到了。书没了，而我和她中午闲聊时隐隐地多了一个话题。这话题不是经常谈到，因为我不肯多说，但只需偶一提及，我和她没滋没味的谈话就有了点睛之笔。

"……他穿那身衣服，也很好看。"绕着操场兜了几个圈子，李坤才吐出这么一句令我心神荡漾的话。

原来李坤这么不好看的人也知道他好看。她说完就看我一眼，我做出若无其事的样子，也不答话。

"你的脸红了。"李坤说。

被她这么一说，我的脸真的有些热。

李坤得意地一笑。

她是介入到我的心事中来了。可她自己同时也是参与者。她心里想的,和我一模一样,我是她的镜子,她在向里窥望。

我坐在座位上写作业。李坤从外面进来,放好她的碗,走来坐在我的前排看我写字。看了一会儿,她把我桌上的笔记本拿起来翻。

"哎呀,给我!"她忽然说。

我抬起头,看见我夹在笔记本后面空白页里的那幅铅笔画像已经在她手中。从我笔下生发的凝视着我的眼神此刻凝视着她。

"不行!给我给我!"我的声音一下子跑出来我自己不认识的调门。

教室里还有几个人,闻声朝我们看过来。李坤竟然捧着那幅画就往外跑,我拔腿也追出去。李坤是真的跑起来了,一直跑下楼跑到操场上。我知道了,上次那本书一定就藏在她自己房间里最私密的地方,这次专属于我的图画又要被她添加到那个地方去成为她的。我也动真格地跑,在沙坑边她绕的圈子小了些,我越过一个截角把她抓住了。

"给我!给我!"我们扭在一起,维持着一个疯闹的假象。

那幅被揉皱了的铅笔画价值已经不大,李坤松手了。我夺回它,转身一边走一边把它撕碎了。

全剧二十集,他最好看是这一段——

他穿的是白色的武士服。里面的宽袍大袖则是素色细格。头上扎束白色头巾,有些儿微风,吹得他的头巾轻拂。那个叫陈真的中国人以黑布蒙面,前来向日本人挑战。头一个出战的浪人很快落败,跌扑回来在柳生的脚边,柳生伸手搀扶他一把,一边看着陈真。陈真也看着他说:"该到你了!"他们彼此注视,都知道对方是顶级高手。柳生缓缓走了出来,一步步,走到陈真面前,向他鞠了一躬。两人交手。高手过招,双双凌空跃起,在空中拆解的瞬间,他扯下了陈真的蒙面黑布。落地之后他微有得色地将这块布向陈真一扬,没曾想陈真也向他举起一样东西——那是他的腰带。按照比武的规矩,被扯掉腰带就算输了。我爱极了他愕然的一低头——他竟不曾察觉,随即,他已经就手儿将黑布向外果断地扔掉,略略偏头,向陈真深深一躬,转身就走。这一系列动作中有种说不出的风流。他竟输得如此风流。

听说有人家里有录像机,可以把喜欢的电视录下来,一遍遍地重看。我们家是不会有的。我的脑海就是我的录像机,我把看过一遍的电视摄录下来,截取我喜欢的片段,看了又看。他的招式是倜傥的。在他自如的倜傥中,怎么会有一些儿不防,以至于外衣内里的腰带被扯了去?他却是在对方向他举起这条腰带时才发觉。他微微地错愕,低头一看,他白衫内里宽大的素格袍服已经散了开来。于是他脸上的神情变成了平静的服输，他向对手深深一躬，走掉了。

　　腰是一个什么样的部位呢？之前我从未想过这个。他的腰带被扯却点醒了我，给我一种异样的微妙感受，相当动人。十二岁的我感受到了这一点说不清楚的微妙，二十年之后的今天，我能够简断地把它说清楚，可是说了韵味反而减少了——它就是，性感。

　　上体育课常有女生见习了。列队、做准备活动，她们还是参加的，等到正式的球类运动、垫上运动、单双杠、鞍马之类的内容开始，她们就蹲在一边玩玩沙、捡捡球，看上去是几个疏懒的女生不想参加运动，并不让人觉察出什么。上课前她们都私下找体育老师请了假的。可是这位三十多岁的男体育老师就喜欢在列队讲话时讲到这个问题：

　　"……关于出勤，我们还是要报数，应到多少人，实到多少人。女同学有特殊情况的，现在先回到队列……"

　　他眼睛望向队列后方双杠边站着的两三个女生。站前排的男生循着他目光所指往后望，就群体地望见了有哪几个女生正在"特殊情况"。

　　这位男体育老师可以去教生理卫生课。初三年级教生理卫生的老师都不好意思讲那一章，让大家自己看。现在还没到初三，女生们的生理知识是妈妈教的，男生们若是也有了知识，有可能就是从体育老师这里获得的。

我还没有上体育课见习。我好像落在了很多女生的后面。

每隔一段时间我们就要调整一次座位。有时候是群组平移以保护视力，有时候是全班大调整，杜老师把她确定的座次名单写在纸上，然后大家各就各位，把纸上的名字换作具体的人，在教室里坐好。杜老师在讲台上一看，她精心衡量安排的座次表生动直观地变成了面孔。她再略微地纠正几个误差，就行了。

中学里不再坐两人一张的长条桌，而是一人一张小桌，带翻盖的。初一时还把两张小桌拼在一起组成同桌，到初二，杜老师让我们分开了。一人一桌，每组一列，组与组之间是一尺多宽的走道。大家也都觉得这样好。

新编的座位，葛鸣镝在和我同一排的左边一列，他左边靠墙。他后面是李坤，他前面是差生张勇。葛鸣镝的铁哥们儿温轩轩坐在教室最后一排，他个儿长得更高了，下课时爱在教室后面摆姿势，练招式。

物理课上讲凸透镜和凹透镜，它们各自对光的反射原理。凸透镜是将一束平行射进来的光线反射扩散出去，凹透镜是将光线反射后收拢聚焦于一点。葛鸣镝听到此，回头对我说："在十字路口那儿安装一个大凹透镜，对准交警。太阳一出来，嚯，交警马上被烤焦了……"

他周围顿时窃笑声一片。坐他前排鼻涕拉乎的张勇笑着回头看他，把手绢包着鼻子擤；坐他后排的李坤笑得伏在桌上嘀嘀不停。不久周围的人就转而笑李坤这种节奏滑稽永不停息的嘀嘀嘀了。李坤见众人都转而看她，连忙把脸往盘在桌上的胳膊里一埋，她的后背仍是一抖一抖不能自止。

葛鸣镝也笑。他善于制造各种乐子，而他自己是笑得最节制的一个。这样他就具有了一种既主宰又超然的风度。他并不把班级纪律太当回事，否则他就不会被男生们如此崇拜了，他需要的是略略出格地出风头，比如在课堂上逗逗乐子，他知道这连老师也是有点喜欢的。他把这些都拿捏得很好。教物理的女老师本来对我们就比较宽容，此时她在讲台上看我们笑，也笑了，把这归结为她的课堂效果好。

这一天葛鸣镝话很少。他好像不大舒服，我听见他肚子里咕咕咕叫了几次。下课他就出去了，上课铃响过了才回来。课上到一小半，我闻到一股奇怪的味道——基本上是臭，又混着牛奶抑或豆类的甜酽。

葛鸣镝在撕一本练习本。他一页一页地撕，尽量发出不能再小的声音。在老师讲课吸引得同学们嬉笑议论的当口，他用左手拿过一页到靠墙的左边去，抓着纸在长裤上揩擦。他揩擦得相当用力，但尽力保持他的右半边身子以及暴露在课桌平面之上的上身僵直不动。他揩擦过的纸给他团成了团，他掀开课桌盖把它丢进桌肚的角落。然后他再等到老师讲课的下一个高潮，再抓起一张纸移到腿上去。一节课他开了五六次课桌盖，丢进去五六个纸团。

下课铃响了。张勇猛擤出一大泡鼻涕,他的鼻子通了。"咦,什么味儿,"他嗅了嗅,望向窗外,"哪里来的。"窗外不远处校办工厂的烟囱又在往外冒烟。张勇往窗外吐一口口水。

葛鸣镝不说话,坐着不动。他被钉在座位上了。可惜他不是张勇,张勇会在课堂上抓起张纸就往外跑:"老师,我要解大手了。"引得全班哄笑。葛鸣镝绝对丢不起那个人。

下一节是体育课。大家纷纷往操场去。

"走啊!"张勇催葛鸣镝。

葛鸣镝不动,拿支笔在本子上写。

"你妈的,搞什么名堂。"张勇跑了。

我也走了。我走时李坤还坐在葛鸣镝后面,她也不动。

体育课列队报数的时候,李坤跑来了。但没有葛鸣镝。他旷了这节体育课。我知道他在干什么:在教室里人走空了之后,他飞速地站起身检视自己长裤的后面。他把书包的带子放长,背起来,让书包恰好挡住他的后臀。他跑出教室。别的班都在上课,自己的同班同学在远处操场上排成方队,体育老师在讲话,可能是在查问他为什么没有来。这些都不管了,最要紧不要在哪里出其不意撞见杜老师。幸好,没有。葛鸣镝从无人值守的学校侧门溜出去,溜到街上一路狂奔。十来分钟他就跑回了家,换掉了里外的裤子。再往学校跑来时他心定了,看时间,体育课还没下,他还来得及先回教室里收拾。

体育老师果然在查问葛鸣镝为什么没来。

"他头痛，请假一节课。"李坤说。奇怪为什么是李坤替他请假。不过她好歹是生活委员，并且就坐在葛鸣镝后头。

我不知道李坤在那几分钟的逗留里做了些什么。无疑她帮了葛鸣镝的忙，替他解了个天大的围。

从那以后李坤和葛鸣镝就一天比一天热络起来。

葛鸣镝时常把身子转过90°，后背靠墙，两条胳膊一左一右搭在他自己和李坤的课桌上，说话。话是对着周围这一片人说的，可三句两句总投合着李坤的兴奋点，从李坤分外高兴的咯咯笑可见他俩的默契配合。葛鸣镝有时候侧头看看李坤的脸，他的笑容带些谦恭，是一种经他修饰过的、受到了某种制约的笑容。他丢失了一些他一贯的无羁。

语文课上，讲夏衍的《包身工》。

"……把身子稍稍背转一下，就在男人面前换衣服。"杜老师读课文。

"哎咦呃！"李坤受不了似的发出这声评论。

"看，那里面住的都是女工，这个男包工头，他跑进去！"这是杜老师的评论。

"哎咦呃，咦呃——"李坤发出这样的惊叫。她还捂住嘴，恶心得不能忍受了似的。

四周没人作声，都感受到了她的做作。

"嘀嘀。"但是葛鸣镝应和了她一声。

我们都听懂了：李坤的"哎咦呃"就是叫给葛鸣镝听的。她比谁都受不了那些不堪的场面，这说明她太纯洁了。葛鸣镝对此做出了回应，表明他欣赏她这种纯洁，至少他是给这种纯洁以面子的。葛鸣镝怎么就丢失了他的智商。

他们俩发生的物理或化学反应，其催化条件超出我的理解范围。李坤身上并没有什么吸引人的地方。当然她比刚进初中时好看多了，不再像个假小子。她把头发蓄长了些，扎了个马尾，还绑了蝴蝶结。不过她的脸，还是浓眉大眼，负责检查清洁时训人的口气也推广到了不该她行使权利的其他场合。葛鸣镝却像是挺喜欢被她含嗔带怪地训几句似的。葛鸣镝本来是很招人喜欢的，可是对他上次那番狼狈，李坤心知肚明，难道在她心目中他的架子不但没崩塌，反倒搭建起来了？

何况——李坤认为葛鸣镝比柳生更好吗？

没有什么人能够比得上柳生。

他是一个穿长衫的年代才会有的男子，一个现实世界中觅不到的男子。我爱他的宽袍大袖的武士衣服，爱他的剑与箫。爱他的正直、孤傲，以及唯独和心爱的女子在一起时才有的言笑晏晏。他的沉默如金，无论什么人用什么样的言语相激相骂，他都只是用肩膀，用他的忠与义去扛住。葛鸣镝太巧舌如簧了。在学校里他这样是聪明可喜，被柳生一比他就显出轻佻，哗众取宠。

柳生的爱情，是这样的——

这是他们私奔之后的事情了。他和她在一起举世不容，受尽唾骂：中国人开的食铺不卖东西给他，日本人开的旅店不准她进。他们成婚了，住在荒山里，柳生自己搭盖的茅草房是他们的家。他们没有钱。马上就是她的生日了，柳生卖掉了心爱的双剑，交给妻子让她去买件衣服。妻子发现他的身上没有了佩剑，问他：你的剑呢？他躲着她惊颤的目光说：卖了。我答应过你，要给你安定的生活，以后，我不再需要用剑了。

她的生日到了。他兴冲冲地提了一只食盒从外面回来，身上穿的，是一件中式长衫。他放下食盒，兴致勃勃地又取出一条白色围巾绕在肩头，再戴上一顶黑色礼帽。这样他就像一个中国男人了，和他的妻子可以成双成对。他对里间的妻子说，你在里面干什么，快出来啊。妻子迟迟才换好衣服拉开门出来。她现身的时候，他，她，还有电视屏幕前的我们，都愣在了那里。她竟然穿上了一件和服，盘起了高高的发髻——这样她就像一个日本女人了，和亲爱的他可以成双成对。他们俩心里想的事情，是一模一样的；这世上的人，中国人日本人都不准许他们俩在一起，可是这样的两个人不能不在一起。

她也取出一样礼物送他:她用山上的竹子削出的两把剑。酷似他从前的那两把、他视作生命的双剑。他举起它们端详,兴奋之下把它们往腰间插去——插空了,他身上是长衫。他俩都笑了。

葛鸣镝和李坤玩起了一种新游戏。

李坤喜欢把她的课桌盖掀开,不用手扶着而是掀到前头去,搭在葛鸣镝的后背上,她则低头在课桌里找东西。她找个没完,葛鸣镝就车转身去找她理论。李坤就凶他,她凶巴巴的话语葛鸣镝听得乐滋滋。两人对花枪似的,唇枪舌剑你来我往,每天为这个课桌盖进行的几场争执让他俩的每一天都过得有滋有味的。我挺烦他们这样没完没了的。本来没多大趣味的事情。

中午我在教室里做数学作业。一道平面几何题,很复杂,推导了几次,屡屡又推翻重来。

葛鸣镝早早来学校了。他刚一坐下,李坤就把课桌盖掀到他背上去。

葛鸣镝回转过身子:"哎——"李坤立即接口:"什么噻!"

又开场了。这一回教室里没别人,就只我们三个。没有其他人在场来维持一个平衡,帮我承担一部分。他俩当我不存在似的,肆无忌惮地开始他们乐此不疲的——调情。这个词是二十年后的现在我才用在这里的。十二岁时的我用词不可能这么精准毒辣。

我画了一条辅助线，试图走出一条新路径。不通。还是不通。抛掉了几张草稿纸。

李坤娇声说："看看你像什么样子嘛！一个男子汉……"

葛鸣镝说："男子汉什么？男子汉后头是什么？"

李坤说："豆腐！"

我一脚踢翻了前排的凳子。这个动作我事先毫无思想准备，它直接由我的脚发射完成了。李坤葛鸣镝的调笑被凳子轰然倒地的声音止住，葛鸣镝车回身子，他俩都不说话了。现在局面陡转，下不来台的变成了我。我只能僵持不动，继续在纸上画图演算。绝对不能去扶凳子。

坐我前面的男生来上学，见凳子倒在地下，顺手扶了起来。人来多了，嬉闹处处，空气渐渐回复原样。

李坤慢条斯理地说："伍小谷，你现在很爱学习啊。中午的时间都要抓紧，生怕别人吵着你。"

星期六，下午的自习课该我值日。这是杜老师要求的，几名班委轮流坐在讲台上维持纪律，记下不守纪律的人的名字。自习课的秩序总不会很好的。我把讲话、疯闹的人的名字记在黑板上，如果有谁因此而有所忌惮，规矩了，我就再把他的名字擦掉。

一般来说被记名字的都是些调皮生，或是无足轻重的小人物，连他们自己都觉得名字挂在黑板上是正常的。可是张勇车转身子是在听葛鸣镝讲话，葛鸣镝实际上又是在跟李坤讲话。

怎么办呢？全班都耳闻目睹他们讲得劲头十足。光记别人不记他们，我就难以服人了。

我在黑板上记下：

张勇　葛鸣镝　李坤

教室里一下子安静下来了。葛鸣镝李坤噤了声，两人坐正了安安生生拿起书看。李坤抬起头，对讲台上的我笑了笑，我不知她是什么意思。全班人都看着我，他们都懂得，我把这两位人物的名字写到黑板上其实动用了千钧力。我低下头在讲台上写作业。教室里不再有人讲话，鸦雀无声，场面比杜老师亲自在场督管纪律还肃整。

杜老师抱着一摞作业本进教室的时候，我正要将李坤他们的名字擦掉。他们后来确实没有讲话了。杜老师经过窗口时先看见了李坤的名字在黑板上，她走到门口时我正在把它擦去。

"怎么！"她把作业本往讲台上一摔，厉声呵斥我，"你看见我来就把李坤的名字擦掉！别人记得，她就记不得了是不是？你还怕得罪了她是不是？"

我太委屈了。我跑回座位上哭了起来。

星期六回家要写周记。全班有一大半同学这一次的周记都写了这件事：伍小谷管纪律，如何秉公执法记下了李坤和葛鸣镝。

读了所有人周记的杜老师后来在班上宣读了其中的几篇。她大概明白了个中曲直、人心向背，对我回馈赞许。

再投票选优秀干部的时候，杜老师念到"伍小谷"，她话音一落，班上同学的右手齐刷刷如森林般举起，并且胳膊肘都毫不惜力地在课桌上击打出声音："笃！"

有同学给我起了个外号"伍包公"。

但温轩轩安慰葛鸣镝说，我那是"公报私仇"。温轩轩喜欢话里藏话。他的脸庞长饱满了些，鼻子、下巴都英挺，在积极地向周润发的形貌靠拢。空着两手时他喜欢把它们对称地举起搭在头顶，眼睛睥睨地看人，鼻孔里出冷气，对一切女生表示出嘲讽的态度。

我跟葛鸣镝仍是要经常在一起办黑板报，几次之后，又和从前一样了，他本是个处世自如的人。但李坤跟我的关系开始变得尴尬不畅。中午吃过饭一起在校园里转转，她现在很轻易地就能戳到我心里：

"你现在，还喜欢那个柳生静云吗？你不觉得他的发型有点傻……"

我倏地离开她半步远。你是对他不感兴趣了，你觉得身边的一个能说会道的男生比他更有意思。可他仍然是我的，不管你喜不喜欢他你都不要干扰我。

天下大雨了。张勇迟迟没来学校。葛鸣镝信手扯过一张纸，在上面寥寥几笔画出一幅漫画，拿给我们传看。他画得实在滑稽传神，并且笔法老到：圆头圆脑的张勇，穿件长及膝盖的衣服，背个书包，身子倾侧，头认罪似的往下低，一绺头发从他的额头垂搭下来，在往下滴水。笼罩他身周的大雨从斜里将他抽打，他是个活灵活现的倒霉蛋儿。葛鸣镝说："这是张勇在外头淋雨。"看到画的每个人都哈哈直笑。

张勇出现在教室里的时候，大家看他比画上画的还要落魄。他的全部头发被大雨集结成了许多股滴水的绺，而不是画上画的一绺。他叉手叉脚像个泥水鸡。不仅是淋雨，他还在路上给自行车撞滚到了泥坑里。骑自行车的人还将他痛骂，骂躺在地上耍赖的他是个小流氓。

我们两相对照，对张勇笑得毫无同情。

张勇心情恶劣，看到画勃然大怒。李坤拿着葛鸣镝的画，对照着张勇说还可以再添上几笔黄泥巴。

张勇伸食指指着葛鸣镝，破口大骂："那个人才是真正的流氓！"

张勇原来不蠢，他说的是什么我们都听出来了。不过他这句话听上去没头没脑，葛鸣镝也只哈哈一笑。他才不跟张勇一般见识呢。反正他捉弄了张勇，并取悦了李坤。

班上同学在说到葛鸣镝和李坤的时候语气都微妙起来。他们说得很有节制，谁都想说而谁也不肯说到点子上去，远兜近转的。我这直筒子听了个不耐烦，帮他们把最后一句说出来：

"恩，他们俩是挺要好的。"

这是我的原话。我是真的只说了这么一句话。

柳生坐在酒楼的一角独酌。他身上穿了一袭浅蓝的和服，很是华贵。这还是先前的事情——他看到他敬重的陈真落到了日本人手中，故一反常态，主动投靠到一直想把他收归己用的虹口道场，意图搭救。这和服是喜出望外的日本人送他的。

"柳生静云！"忽闻一声断喝，一个中国人直奔他而来。这个人是陈真的朋友，一个总是矜夸拿大的前清武状元。他惯于教训他人，尤其在他不了解的时候。

柳生微微一怔，而他举着酒杯的手没动。他漠然地向疾步扑他而来的武状元投去一瞥。华贵的不是他的和服，是他的那个神情。

"你是个武士，应该懂得忠义之道啊！我们陈真敬重你是个英雄，把你当成朋友，可你呢？寡廉鲜耻、卖友求荣，你算个什么武士！还不如我们中国的士兵呢！"

武状元在柳生身后指手画脚，柳生的眼睛垂下来略略向后瞥，表示他在听。听到此处他霍地站起，把酒杯重重一放，将放在酒桌上的剑立起、一震，插入腰间。他从腰带里掏出酒钱，啪地拍在桌上，离去。

"所以说嘛，非我族类，其心必异！"武状元在后面仍不依不饶。

试问你有没有这样的气度：天大的冤屈劈面掼到头上，你也决不为自己辩解一个字。决不。

我不知道过了几天。

我走进教室，感觉气氛异样。所有的人仿佛都跟我隔了一层似的，淡然应对，冷眼观瞧。我好像被关进了一个玻璃罩子，他们因此而让我不再接触得着，同时他们又能够看清我在里面徒劳的挣扎，左拍拍右撞撞，我出不来。我感觉一场轩然大波正在缓而劲地扩散开，我是被困在波心的那个人。我发觉葛鸣镝和李坤彼此不再讲一句话了。李坤把头埋得很低，她好像哭过，我是从没见过她哭的。她脸上的表情变得非常严肃而正派。班上其他人的脸也都发生了类似变化，大家都摆出了自己最正直的一面来。

我知道大祸即将临头了。但它被操纵着，暂时不压下。它给我一个星期的时间，去承受众人狠毒的冷淡。

它终于在一个下午的自习课上来了。杜老师嘱咐了一下纪律，然后说："伍小谷，你下了这节课到我这里来。我在办公室等你。"她十分和颜蔼色，只用眼睛给了我一个意味深长的神色。

她一走，温轩轩在教室后面立即高声叫我的名字。"伍小谷——！"他神采飞扬，得意非凡，身子向上一纵举起右手响亮地打了个响指。不管哪个女生倒霉落难、伤心难过都是温轩轩特别高兴的时候，尤其这一回让他恨的我，嘿嘿，真是栽到老家了，杜老师要找我谈的可绝非一般的话哟！

我和杜老师面对面坐在了一起。夕阳在她背后，她又高又大，恰好把我笼在阴影里。

"你跟葛鸣镝，是很早就认识吧？你们以前在一个小学里。"

是的。

"你们都能写会画，有共同的爱好。加上这两年你们经常在一起办黑板报，接触比较多。他也是一个很优秀的男生。"

她想说什么呢？

"你跟李坤，本来也是关系不错的吧？每个星期六你都在等她一起走，后来你中午在学校搭伙，我也总看见你们在一起吃饭。"

其实我从来就不怎么喜欢李坤。十一二岁的初中生，能同路上学、结伴吃饭就算是朋友。可我不能这样说。

"那，后来怎么你又跟她疏远了呢？我听同学们说，李坤倒还是经常找你，你总不太搭理她。这是为什么？"

这个原因我可不能告诉你。原因只有我自己知道，李坤都未必知道。它关乎我心里藏得最深的一个秘密。李坤曾经碰到过它,后来她走了。她跟我的想法其实很不一样。

"李坤跟我说,她和葛鸣镝聊聊天,你在旁边还踢翻过凳子。有没有这回事?是什么心理使你这样做?"

我无言以对。

"在你们这个年纪,心里产生这样那样的想法,都可以说是正常的。但它毕竟是一种非分之想。一些根本不可能的事情你去想它干什么呢?"

我在想什么非分之想呢——我的非分之想丝毫不关葛鸣镝的事。

"葛鸣镝和李坤,完全是同学之间的正常友谊。你为什么要造他们的谣呢?"

造、谣!这是多么严重的词汇!

"都说是你亲口讲的,说他们两个如何如何。你的思想太复杂了吧!"

都、说。他们的确是都在说,他们的喉咙早就发痒了。可是他们为什么就那么聪明,只旁敲侧击地说,虚与委蛇地说,等我来一句干脆的"他们两个挺好",就正中了他们下怀,再说的时候可以先加上一句"伍小谷说"。话是我说的,该我去负责。

我该怎么辩白呢?在对方的思路和你根本不在同一平面的情况下。我意外发现杜老师的思路是另外一条路,一条我根本不认识、可被人认为是更通畅、逻辑更清楚的路。教初级中学语文的杜老师习惯了分析明白晓畅、易于理解的浅显课文，她不认识我心里那条曲径通幽的、晦涩的路。

我的辩白毫无作用。一个十二三岁的初中生说得过三十六七岁的班主任吗？她那么强横，她认定的罪状我是绝无可能抵赖的。什么叫作"他们两个很要好"？我们班的班风好得很，这在学校里都是有口碑的，我杜老师带的学生，都是单单纯纯天天真真的，男同学女同学正正常常交往。伍小谷，你的思想比较复杂了，让我失望，你本来是个好学生。我要调整一次座位，把你们几个换开。你对葛鸣镝不要再存任何非分之想。造人家的谣，更是恶劣。

假设换一个班主任，今天被找来谈话、坐在针毡上的很有可能是葛鸣镝和李坤。那是很通常的情形，而我撞上了一个荒谬的。

杜老师的长三角形眼睛瞪着我。最后她试图用眼睛周围的皱纹包裹它们，柔化它们，以和颜悦色收场。

那一天的夕阳何其惨淡啊。好在已经放学了，不必再回到满是人的教室。我恍恍惚惚一个人走回家，不知道今后的日子该怎么过下去。

隔几天，杜老师又在班上大发雷霆。太多的事情不如她的意，她像个火药罐似的爆发了，一桩桩一件件挨个抖落："……还有的人，一张嘴巴像个谣言工厂！好端端的同学友谊，被她讲得龌龊之极！……"

倘若换了二十年后的我到当时那里，我不会像当时那样默默地低头坐着，听着这剜人心肺的语言并任由它被我的脑子录下来，再不断地重放、重放，放给我一个人听。我会从座位上跳起来，重重扇她一耳光，不计任何后果的。

将近二十年后我在小城的街上碰见已经退休的杜则天。结果却是我以无懈可击的礼貌跟她客气寒暄，我还彬彬有礼地请她有空到我家玩。我无法理解自己的行为。或许是我只用心的表层对待她；或者是，如今的她已经绝对不是我的对手，不计较乃是一种有优越心理作底的态度。

但当年不。当年的我听她的话如五雷轰顶，从此从此我度日如年，一直一直背负着重负。而温轩轩等人听了她的那些话是多么兴高采烈！温轩轩大快意，葛鸣镝要避嫌，他们的拥趸要支持他们，被我记过名字的人要报仇。他们必须跟我对立，以显示他们是正义的一方，思想单纯，不像我。温轩轩动不动就趁我在旁边时来一句："那些思想比较复杂的人……"李坤把一个词用在我身上："声名狼藉"，这是初三的课文《竞选州长》里新学到的词。

好在已经初三了。快快升学，离开这所学校就好了。

不幸温轩轩的成绩也不错，他和我又一同考进了全市唯一的一所省重点高中。温轩轩在高中又集结起一批拥趸，跟他气味更相投的。一帮吊儿郎当的大小子个个把书包吊在脖颈上，大摇大摆地走路，志得意满，眼光狎邪。无论我出现在哪里，围绕着温轩轩的那些个人都顺着他目光所指朝我看过来，温轩轩在他们中间露个阴毒的笑容。我不知他们在说什么，我又有什么值得他们说上整个高中三年。

后来我理解了：对女孩的打击嘲讽恶语中伤并以此为快，正是温轩轩的青春期行为。这欲盖弥彰的反应使他走邪了；现在他是小城里的一个二流子，还是纠集着一帮混混成天在街上晃荡，三十多的人了。难为他从前还像过周润发，现在两个人天悬地隔了。

这是后头的事了。退到初三，那剩下的几个月，很是漫长。

那一天，我觉得下腹隐痛，并向下坠延，有种难以启齿的不舒服。我想，是不是那件事情来了。跑去厕所看了，没有，但是很奇怪，和平常不同。我十三岁了，我已经落在了绝大多数女生的后面。在学校食堂吃了晚饭，没心没绪，出校门往街上走走。天色渐暗，车流还是很多，商店里渐次亮起了灯。我逛了两三家，再走不动了。我不知道我身上正在发生什么，别又是什么令我声名狼藉的事情。我慢慢走回学校，忍耐着上完晚自习。

忐忑地睡了一夜。第二天，终于，拨云见日似的，那一缕犹豫着的血，它终于来了。

陈真终于越过了重重包围，冲到了柳生身边。

但是已无可设法。柳生扑跌在地上,白衣包裹着他的剑和他的颤抖。

"这,难道就是'忠'吗?!"

柳生艰难地抬头。

"我不能杀你复命,是为不忠;我当你是朋友,杀你就是不义。……我只能这么做。"

——只是因为贫病交迫,妻子危在旦夕。他只能到他最不愿意去的虹口道场去告借。日本人说:三天之内,杀陈真。逼他举剑,以柳生家族的名誉起誓。他怎么能去杀陈真?可是也只好去下战书。他的剑已经卖掉了,他不再有能作为武器的剑。万般难舍病中的爱侣,他把箫放在昏睡中的她的被里。他和陈真在约定的山中相遇。决斗开始,他躲闪腾挪,终不出剑。陈真出狠招逼他出了剑:原来竟是竹剑。陈真看着他,扔给他两把剑,就是他从前的那两把。他却将剑抛开了。

不可开交之时,他爱侣的死讯传来了。

"陈真,帮帮我!"此刻,他说,"你帮我!"

陈真一震。他求他这个!但他怎么可以?然而,他能眼睁睁看着他被巨大的疼痛绞缠,汗如豆粒,如此地求死不能吗?难道真要一个卑贱污浊的浪人来给这高贵的灵魂充当"介错人"吗?如果真的需要,那应该是陈真,这与他从一开始就彼此探询、惺惺相惜、最终达到完全了解的——

朋友。

　　长刀举得老高,陈真下不了手。柳生静静地看着他,等着。下不了手。一个浪人从背后偷袭,陈真大吼一声转身将他击毙,然后回身转脸——劈下。

　　我坐在家里,被一个缭绕了几天的念头弄得心神不定。这个如烟雾一样萦萦袅袅的念头数天不散,逐渐浓厚了。我捧着茶杯,在几个房间里转圈。决定了,出门去。换鞋,步行,搭车,到一个有好几家影碟店的繁华地段下车。

　　在第三家,看到了。面对着迎上来的殷勤发问,却不能回答。那一排八十年代的港剧摆在架子的最上一层,落满了灰尘。我假意地抽出几套来看看,问问,放回原处,然后才把一进门就看准了的那一套抽出来,一个字不问,径直到收银台付钱,包起它就走。穿过车水马龙的大街,跳上电车,带它回家去。——其实,这样的慌乱,怕的都是自己,而不是怕被人笑话买这么老土的片子,或是怕心事给人看破。

　　二十年前,我爱过它里面的一个人。从前的电视,只放一次,而我在脑海中来回倒带,重温他的每一个眼神和动作,还有他的箫声。他的沉默,忧郁,孤傲,深情,以及最终的陷入种种不可解矛盾而以身相殉,曾经多么深刻地打动过我啊。他有多困苦,我就有多苦痛;他有多沉静,我就有多深沉。回想初中时的我受着怎样的管束,我绝未想过对任何人启口吐露，于是他也就成为我独自占有，不肯给人的，秘密。不是守口如瓶，那个瓶是我的心，没有出口。二十年后的我竟有突然发痴的一天，重新想起他——可是又担心，重看是再现，还是消灭呢？

自己跟自己在一起的时候，我鼓起了勇气来看他。——他，还是那样好，在乱世里独自出尘。我的眼泪停在了眼睛里。他甚至比记忆中更好，因为现在的我才真正理解了他承受的一切屈辱悲愁，甘愿的给予和牺牲。我感到憋闷和悲伤。没想到事隔二十年我会再次被他魇住。

我不断否定他最终的死去，不断地倒回来看他的先前，倒到我最心爱的那一段。……他的腰带被扯去了。我的心，仍微妙地悸动，一如从前。十二岁的我就感受到了这一点说不清楚的微妙，是他教的。

从前，是1984年吗？没有早一步，也没有晚一步，他恰恰赶上了小女孩子的青春发萌，并且，启了她的蒙。我一直以为是我陪着他，因为他永远不会知道有个我；现在我才明白，是他在始终给予我陪伴，他没离开我。

2005年2月4日—18日

先铅笔稿，再电脑誊改

花儿

羊小牧有个不好听的绰号：木乃伊。不知是谁最先做的这个比方，说她走路的样子，上半身、上肢纹丝不动，只有下面两条细杆杆的腿，僵直地、机械地向前一移一移……而且连点声响都没有。你冷不丁给走近的她吓了一跳，定睛看，她两只杏核似的大眼睛正幽怨地看住你。其实她并没在看你，她只有0.01视力的眼睛不戴眼镜是看不见任何人的，她模糊的视野中只有大致的路、隐约的树、和影影绰绰的人影。一愣神儿的工夫，她已经从你身边飘过去了。

羊小牧进高中没几个月，全校都注意到有她这么个人了。那个走路的样子特别怪的女生……哦，木乃伊啊，哈。

其实羊小牧并不恐怖，相反她很好看。王吕尤其这样说。她在加试体育那天就跟人说了："哎我看到个女孩子，很好看哪，比我还好看……"

这所重点高中在发放录取通知书的同时附了张条子，让被录取的新生于八月下旬到校加试体育。都知道是走过场了，难道到了八月下旬还会把人退回去吗？测试的项目有短跑、跳远，好多女生都还穿着裙子来的。羊小牧穿了件无袖的碎花长连衣裙——那布是灰色的底，蓝紫色的碎花儿，说是无袖，但袖口处有一圈褶褶皱皱的荷叶边儿垂搭在肩头——戴一顶宽沿的太阳帽，由她妈妈陪着，她妈妈还撑了把伞，她两个避开人群，站在一棵细瘦的树下。

体育老师叫到羊小牧的名字了。她妈妈替她答应，她自己才跟着细若蚊嘤地"呃"了一声。她摘下太阳帽递给妈妈，跑着小碎步到助跑线那儿去，晒红了脸膛的体育老师有点目瞪口呆地看着她。她预备了，起跑了，还是刚才那种碎步跑法，她纠纠结结的长裙也配合她而不妨碍她的步法。她不摆臂，只是两只手在身侧象征性地摆动，像两只不起作用的螺旋桨。她起跳了——没有多少腾空，一道近乎平直的抛物线将她抛落在沙坑里。站在沙坑边的王吕看羊小牧跌坐在沙上，长及脚踝的裙下叉开着双腿，像才变出两条腿的人鱼。她脚上的两只白球鞋是最没有款式的那一种，可套在她脚上就有点另式另样。王吕发现这女孩长得极其清秀。她很瘦，稍嫌横宽的脸型却是非常标致、工整。两弯似蹙非蹙笼烟眉，一双欲泣不泣杏核眼，鼻子精巧，嘴唇小巧。她梳着童花头，额前一排齐眉刘海，下边的发梢则浪漫地弯向两腮，她动也好不动也好，这发型都固定不动，承托她工艺品一般的脸。她已经从沙上站起来了，手背一下一下拂着裙后的沙,她妈妈从沙坑边赶来搀她,给她擦汗、喝水。她妈妈说:"到那边去坐一下吧?"不知她嗫嚅着答了一句什么。

王吕不知羊小牧磨蹭着不肯走开是为了想看看她。从早上进这校门起,有多少双眼睛向王吕投来或明白或遮掩着的注视,王吕没去计数。十五岁的王吕早已习惯了这个。王吕长得太漂亮了,她从小就知道。她的姑姑姨妈、婶娘舅妈,还有幼儿园的老师,一个个都把她抱得爱不释手的,"小天使呀""小天使呀"地唤。进小学了,王吕当班长、当大队长,凡有舞蹈演出她都是领舞。那些年轻的女老师们在给王吕化妆打扮时都换了家常调皮的语气,说王吕长得绝了,很像香港电影《画皮》里的那个女鬼哩。

王吕的美貌有如强光,连深度近视的羊小牧都觉得视线中有感知。体育老师又叫了:"王吕!"王吕举了一下手答应:"哎,到!"所有留着心的人都记住了:她叫王吕。羊小牧悄悄戴上她的红边眼镜——那个耀眼的穿一身白的女孩,原来穿的是白色T恤衫、白色网球裤,梳着马尾巴。她的确非常美丽,她的长相完全符合多数人心目中的规范,一张按白种人的某些特征拔高了的黄种人的脸:白肤、大眼、高鼻、丰唇,她处处都长得准确、优美、典范。她起跑了,用力地摆臂,她的发育得很好的胸脯在落落大方地跳荡。羊小牧联想到自己的身材:她高、瘦,她的衣裙下面,胸乳只是两朵微小的蓓蕾,从裙子外面看就只剩两个约等于无的小点儿。

"呀,那个人比我好看些……"羊小牧心里想道。

羊小牧长得不太像她妈。不过这对相依为命的母女走在一起,大家都说像。是一种气质上的像——时光倒回去二十年,羊小牧的妈也是一个风吹得倒的林黛玉。纤弱,秀气,爱淌泪,惹不得。羊小牧的爸年轻的时候也唯美不俗过,欣赏这种完全与时代潮流相悖的女性类型,把她娶回家之后才被现实改变观念,觉得她神经兮兮。他很累,苦了好些年,改革开放后他跟她离了婚。自离婚始,羊小牧的妈就一天比一天硬朗起来,再也不哭了。每天上班时她想着女儿,下班后就伺候女儿,她用一个人的工资养活自己和女儿,前夫按月给的赡养费她全部攒起来预备给女儿上大学。她绝了再婚的念头,四十岁不到就绝了经。她这个月绝经,女儿偏巧下个月就初潮,羊小牧的妈好些年不哭,那个晚上安抚女儿睡着了,自己背转身唏嘘唏嘘把半个枕头都哭湿了。

小牧长得那么好看啊。又聪明,才考上了重点高中,离妈妈的理想近了。可她就是体弱多病!两三岁的时候就得过支气管哮喘,之后这毛病一直缠缠绵绵,一条呼吸道总也不消停。小牧的妈炒菜别说辣椒、花椒、胡椒,连葱姜韭都几乎不放的,味道稍重女儿吃了就要喘,咳嗽。女儿自打会吃饭,就吃药,什么川贝法夏、薄荷云苓,她不知道吃了几担子。不吃药的时候就吃各种偏方:秋天蒸梨,冬天烤脐橙。

春天她要躲花粉，夏天她晒不得太阳。有一个见解与众不同的医生说羊小牧是过敏体质，不宜养护太过，只怕越扶越歪——这种歪理，小牧的妈哪听得进？

小牧的妈一个人的工资要供两个人生活，慢慢就学会了精打细算地过日子。虽说没有钱，女儿可不能穿差了让人看低，穿差了也对不起女儿这分人材。八十年代中期的小城的街上，难得找出几件衣服是小牧的妈看得上眼的，而且，卖得也不便宜。小牧的妈买了台二手缝纫机，自己摸索着学裁剪，在电影上、画报上看到什么好样子的衣服，她就去扯布回来做。扯布很经济，手工不要钱。小牧的妈年轻时那些拈花弄草的心思，到中年后全变成了十五岁女儿身上别出心裁的衣褶、纽扣、飘带、花边。一个羊小牧给她打扮得像日本的，像台湾的，像古代的，唯独不像此时此地这个小城里的女孩。不过也有人说，恰恰像个小地方的女孩，看她的衣服风格这么烦琐，就是一股甩不脱的小家子气。说这话的人是王吕的妈。

王吕的妈评论服装是带有权威性的，因为她在服装进出口公司工作。做了多年的服装进出口，见多识广，耳濡目染，她渐渐培养出了一些可以归属于上流社会的风范，笑容高雅，姿态得宜，谈话富于技巧。她的工作，给她打扮自己和她那个漂亮惊人的女儿提供了极大便利。时常有大批出口转内销的服装，先在公司内部以内部价出售，这是公司福利的一部分。所以王吕的衣服极多，并且都很洋气。有一回她穿了一件十分稀奇的通身都是气泡似的滑雪衫去学校，同学都兴高采烈地去捏那些气泡，捏了一星期，这件衣服她再没穿来了。问她，她笑着答：卖啦！她妈妈有渠道把些稀奇衣服截流带回家，给女儿穿几天再让它们返回销售环节，截流出来的这几天是不必付钱的。

王吕和她妈妈笑容神似，但她长得像爸爸。从挂在墙上的他们一家三口的合影可以清楚地看出，王吕的脸型、五官、轮廓，和她爸爸完全是同出一辙，而王吕母女俩相似的神情，又形成另一道纽带，连接了他们三个人。王吕的妈妈算不上十分漂亮，她爸爸给人的观感则是厚、硬、粗，上帝在选择他的脸模子来铸造王吕的脸的时候，不知道进行了怎样神秘的加工，结果一个美貌程度令人咋舌的王吕脱颖而出。王吕从小就是个倍受瞩目的小明星，她的一举一动都有姿有态，像个小伊丽莎白·泰勒，或是秀兰·邓波儿。

王吕在升初中以前，他们家是个表里如一的理想家庭。升初中以后，王吕的爸爸升为制药厂厂长，分到了三室一厅的房子。王吕有时半夜醒来，听见父母卧房里有争吵的声音。起先争吵只出现在夜间，次日白天父母又和平常一样和睦；渐渐地争吵蔓延到了白天，在王吕用钥匙开门进家的时候，在王吕在书房写作业的时候，乃至于王吕独自一人坐在餐桌前吃饭的时候。房子大了,他们有地方吵架了;女儿也大了,只要她在另一间房里,吵架时看不见她就可以。

有一个中午,王吕和同学在街上买了面条吃,没有回家去。正在教室里和人嬉闹,同学纷纷说:"王吕,你爸爸来了!"她回头,看见爸爸站在后门口。他说:"王吕,你怎么不回家吃饭哪。爸爸等你半天。给你留了好菜,来跟爸爸回去吃一点。"

家离学校很近,王吕就跟爸爸走了。一路上他和颜悦色地问她学校里的事情。进了他们家楼道,上楼梯,他不说话了,王吕头一次发现晴朗的正午有点可怕,阳光全被关在楼房以外,这楼里竟然如此阴凉寂静,只有爸爸和她的脚步声,一前一后,笃笃笃笃,扑扑扑扑,上到六楼。

爸爸用钥匙开了门,等她先进,他再进,返身把门关好。他一边换鞋一边说:"你把搓板拿到客厅里来。"

她不知他让她拿搓板干什么,她去拿了。他说:"放下来,跪上去。"

王吕呆了,以为自己听错。她抬眼看背着手站在她面前的人,以为自己受骗带了个陌生人进家。面前这个铁青脸色的人的确不像她爸爸。

见她不动,他暴跳起来,一扬手打落她手中的搓板,再就势一扯把她拖倒在尚在弹跳的搓板上,她与搓板都被压服了。"跪着!跪好!"

十二岁的王吕跪在搓板一条条的棱上，感受到生平未有过的羞辱袭来。被拖着按着下跪，被自己的爸爸的手。这个她不认识的爸爸暴跳如雷，声嘶力竭地咆吼。你现在翅膀长硬了！翅膀长硬了是不是！想回来就回来，不想回来就不回来！你眼睛里哪里还有我！我早知道会这样，你长大就跟你妈一个样！看不起人的烂德行！……

他手足挥舞，但并没有打她。王吕除了怕和羞辱，更多的是不懂。她从他歇斯底里倾倒出的对她妈妈的刻毒咒骂中听出他对妈妈的恨，这恨也波及她，把她囊括进去，眼下她就不知是作为她自己还是她妈妈在承受这个恨。确实有太多她懂不了的——比如，这个脸相已经像个长成了的女性的女儿，这样的美丽。可她当初却是她妈不情愿生下的，因为有这个女儿才迫使她同意这桩婚姻。难道生出这样优秀的女儿不能证明结合的正确性吗？难道女儿的存在只提示他当年的失败和卑鄙吗？女儿长大了，越大就离他越远，越美就越和他不相干。她会像她妈一样，看不起他，鄙视他。他自己都弄不懂自己在想些什么。一团理不清的乱麻。他真想扯烂，扯烂，扯烂——扯不烂。

到傍晚放学后再回到家，王吕见她爸爸变回了一个好人。他系着围裙在厨房里做饭，给她和妈妈端出一盘又一盘的菜，妈妈很高兴，跟他说长论短的。仿佛是莫名其妙地发作一次能够把他的阴暗暴戾释放一空，他由此可以做回一个疼妻爱女、心态幸福的男人。这是一次起始，其后每间隔一年，或是大半年，他都会寻个由头发作一次，如间歇性精神病。王吕慢慢开始数日子：五年、四年、三年……再过三年，等她十八岁，考上大学就可以离开家了。

加试体育之后分班的名单也公布了。王吕在三班，羊小牧在四班，她们在相邻的两个教室上课，同一条走廊上来来往往。

这两个班的英语课是同一个老师教。是个男老师，有四十出头了，长方脸型，戴副眼镜，不苟言笑。开学第一次课，三班排在前面。第一次上课对刚入学的新生是要摸摸底的，他要提问。低头在讲台上贴的名单上搜索了好一会，方吐出个选好的名字："王吕。"

王吕站起来了，和讲台上标示的座次表果然是同一个坐标方位。"哟，"不苟言笑的男老师忽然咧开嘴，环顾一下教室对其他人笑笑，"我还以为是个男同学。"

这句话多余了。没人回应他的笑，有人在猜他早就知道王吕叫王吕，即使进教室前不知道，他刚才低头的那一阵好找，也找出这个最漂亮女生的名字了。再说王吕凭什么就该是个男同学？站起来的王吕听见他这话，反应是把头半低下去，眼睛也随之垂下去看桌面。——这女孩不简单，她大概早见多了各色男性处心积虑以她为目标的搭讪。英语老师立即正颜敛色，用英语请王吕做自我介绍。

王吕不加思索，张口就来。英语是她的最强项。她妈妈告诉她的，今后这社会的就业趋势，英语好的人最吃香。王吕在初中三年英语一直是全年级最好的，而且她有口语能力，这胜过一般只在试卷上能考高分的人。王吕曾经被选送到市里参加英语演讲比赛，拿了个初中组第一名。做自我介绍她是轻车熟路，尽可随意发挥。

英语老师一边听，一边紧急思考接下去该他评论的话。他没料到她有这么一口漂亮的英语，自己一时还造不出更好的来。那么就用汉语评论，表示出置身局外的权威。

他把他能想出的最高级的赞美词都给予她了。直听得其他学生心里泛出酸意，可王吕并不有所动的样子。

在四班，出英语老师之不意，还有个羊小牧。

羊小牧不是英语老师刻意找出来的人，而她一启口，举座皆惊。她的发音，精妙无比，元音、辅音、清音、浊音、鼻音、边音、唇齿音、摩擦音，还有只可意会不可言传的模糊音，一一从她口腔里极尽机杼之巧地发出来。她的语调是纯粹的英国牛津音，一口不可及的贵族腔。她的同学给震得没话说了，英语老师也只说得出一个字："Excellent！Excellent！[1]"

---

[1] 注：好极了！好极了！

英语老师没机会把王吕纳为英语科代表，因为她已经是班长兼高一年级的文艺部长了。但他找着了让她感兴趣的话头："四班有个女生，口语非常好。比你还好呢！"

"真的？！"王吕果然在意了，眼光聚焦到他脸上来。看她的样子很有些警觉和戒备。"是谁呀？"

于是王吕就看见了抱着一摞英语作业本进出办公室的羊小牧。

英语老师牵线，让王吕和羊小牧在他的办公室会了一次话。他很得意，羊小牧成了他手中的牌，给王吕看。王吕极力压制住内心的惊异和危机。她可以松弛地跟人说羊小牧比她好看，但决不能容许羊小牧的英语比她还好。

她俩一起走出办公楼，她问她："你的语调是模仿谁的？"

羊小牧答："没有模仿谁，就是听磁带。"

王吕说："什么磁带？"

羊小牧说："是我妈妈托人从上海买回来的。"

王吕说："借我听听吧？"

羊小牧说好。

王吕去找羊小牧还磁带的时候，羊小牧不在四班教室里。王吕就大大方方地走进四班教室，走到羊小牧的课桌前，掀开桌盖把磁带放进去。顺手翻翻她课桌里的书，发现有一本没见过的英语书，她就抽出来拿走了。

王吕在四班教室晃了这么一小会儿，惹得四班的好些人朝她望。所有人都认识她——认识她而不被她认识的那种认识。有一个人，只看了她一眼就不再看，聚精会神地继续去写他的字。这个人叫庞泽辉。

一如他的名字，庞泽辉的内心庞大，自幼即负青云之志。他爱读的书籍，是伟人传记，他最崇拜的人是毛泽东，他的理想则是当中华人民共和国的总理。庞泽辉读初中的时候还比较幼稚，时常把他的鸿鹄伟志一本正经地向他的同学昭示，为此没少受周围那些燕雀的讥笑。初三那一年他摔断了胳膊，有人说好啊，有当总理的征兆了，周恩来总理年轻时也摔断过胳膊的。胳膊上缠着绷带吊块板听这种奚落，庞泽辉决定韬光养晦。先不要声响吧，跟这群庸人有什么共同语言！等着瞧，若干年后你们自然会听到如雷贯耳的庞泽辉三个字。

趁着升高中，庞泽辉调整了自身形象，以一副较深沉的面目出现在他的新同学面前。庞泽辉在形象上是有些优势的。这一年他十六岁，蹿到了一百七十六公分高，而且还在往上蹿。同时他又比较瘦，不像班上那几个又高又壮的男生，显得粗，傻，劳力者治于人的样子。不过庞泽辉对那几个男同学很友善，时常接近——没有他们的粗傻，怎衬得出自己的清逸？庞泽辉一个人在家，在他父母的房间里，对着穿衣镜，梳头。凝视着镜中映像，他突然间怦然心动，因为他发现自己出落了的相貌，有那么一点——在眼神中，在嘴角边——像青年时代的毛泽东，那种骨格清奇的感觉。这不知是出自先天的赋予，还是得自他太多遍地观摩毛主席青年时代的相片，一遍遍地用意念描摹那五官的线条，从而潜移默化到了自己脸上来。庞泽辉为这个发现一阵心醉。他当然不至于像在初中那么张狂了，他现在明白有些话说不得。这个暗中的发现和喜悦，只能自己知道。

庞泽辉一进高中，就碰见了赏识他的班主任。

大胖身材，大胖脸，小眼睛，两根短辫绾结在一起，这是四班的班主任胡俊。胡俊教数学，教得一塌糊涂。才上三四次课大家就明白不必再听她的课了，因为她不是把最简单的概念弄错，就是试图证明一个显然是错误的命题——这命题出自她自己的头脑，遭到全班人的否定，她不信，一步步设论推导，到最后，一个最荒谬的矛盾出来了，她下不来台只好笑。这是她服软的时刻。其他时刻她可不服软，她管人的逻辑就如同她的数学逻辑一样，没道理，可是她要强词夺理。可惜班级中没有数学世界里那些强有力的定律来跟她对抗，她便是这个班级的霸主。她指鹿为马也可，出尔反尔也可。

学生们在上晚自习，胡俊在家熬汤。胡俊的家就在教学楼的一楼。因为分不出住房，学校把教学楼里每层楼的厕所都封了，改成给老师的住房。胡俊晚上在家带小孩，同时在炖明天吃的肉汤。尝了一口肉，她觉得可以了，就把炉门封上，准备上楼去看看学生。

胡俊抱着小孩子，悄悄上了二楼，站在四班的窗外。坐窗户边的几个学生马上觉察了，不吭声就是。胡俊怀里的孩子也一声不吭，看灯火通明的教室里大哥哥大姐姐在做什么。教室里纪律有点乱，这里那里都有人讲话。数学科代表李亚一看就没学习，伏在桌上玩东西，胳膊肘一动一动在移什么。

李亚看到成功的希望了。他高兴地车转身，把华容道搬到后排人的桌上，推推眼镜："你看，我换了种思路……"

胡俊一看火候已到，在窗外陡然一声大喝："李亚！！！"

随此尖声断喝，教室里一片惊呼："啊——"都给她吓坏了。羊小牧觉得耳膜被狠狠撕了一下，心口骤然咚咚咚猛跳不停。胡俊怀里的孩子哇地大哭出声，教室里沸腾的怨声像开了锅。

李亚倒没有特别被吓住，因为他把"李亚"听成了"你呀"，一时没发现自己是靶子。他看到胡俊噔噔噔闯进教室，把哇哇哭叫的孩子往第一排的男生怀里一塞，大步扑自己而来，才想过来刚才把大家吓出心脏病的那一声大喝是"李亚"。

李亚的华容道，关羽张飞，赵云马超，全飞到地上去了。曹操当然也出来了，他不需要任何路径就飞出了包围圈,再不管什么"横刀立马"势、"层层设防"势。李亚也从他的座位上出来了,他被请到讲台上去面壁看黑板了。他背着两手,不时回过头对底下聆听胡俊教训的众人做鬼脸。全班人都不能笑,就他一人背对胡俊,可以朝着黑板笑。

下晚自习的铃响了。胡俊刹住脾气,换了副稍缓和的腔调,点人去帮她改本子。"我造孽,我!每天这么多本子要改,还要备课、上课,我是饭也没时间做水也没时间打,孩子他爸爸又不在家……"

她随机点,被她稍微看得上的人都点到了,各科科代表也都有份。点到了庞泽辉,点到了羊小牧。李亚心想今天肯定没有他,正好早些回家,不料胡俊把他喝住了:"李亚,你别想跑!今天你得多改十本!"

因为要接着去改本子,羊小牧就没有除下眼镜。她收拾好书包,等着被点的人一起去办公楼。她话少,视力又差,进校两个月了班上同学还没认全。李亚她模糊知道特征,一副黑框大眼镜,笑起来嘴像唐老鸭——现在戴着眼镜看,他果然像只非常清晰的唐老鸭。她无意中往后排看去,看见一个瘦高的男生斜坐在那里,两只胳膊闲逸地搭在前后两张课桌上,他眉宇间微微拧着,神态中有一种与其他人不同的肃穆清奇。只这一眼,羊小牧的心仿佛被电击了一下,她受了惊吓似的连忙扭开头。可是她的心,却突突跳起来了,她从衣袋里拉出手帕捂住嘴,好像怕有什么东西倾泻出来似的。

从此，羊小牧在学校读书不再那么心无旁骛了。

那个晚上那奇特的一眼，把庞泽辉的相貌烙在了羊小牧的意念里。自此她知道每天有一个从她身边的过道走到后排去的瘦高男生就是他，虽然看不清，那个感觉在。他常穿一件深蓝色的外套，还有一件灰白色的。他的声音她也辨出来了，就在她的左后方向，老师提问："庞泽辉！"他在那个方位站起来回答，羊小牧由此将他的嗓音和他的外形建立起了通连的关系。胡俊点庞泽辉的次数很多，有时下了课还到他那里去交代事情，慢慢羊小牧才弄清原来他是副班长，一开学胡俊就指定的。

这个下午开班会，内容是讨论胡俊。胡俊和学生们的关系太糟了，矛盾发展到了需要解决的程度，这个班会是班长和数学科代表李亚共同策划的。

班长主持，推李亚第一个上台发言。

李亚慢吞吞上了台，一张大嘴笑哈哈。"关于我们的班主任胡老师，我首先得说，她对待我们的'动机'是好的……"

全班大笑他着重咬定的"动机"两个字。李亚把笑脸一收，变出一张酷脸来："为什么要用'动机'这个词呢？因为事实证明，她的授课方式，她的语言方式，她的行为方式，已经大大超出了我们作为学生所能忍耐的极限……"

掌声笑声喝彩声，此伏彼起。李亚开了这么个精彩的头，后面无数人举手要求发言，一个接一个地上讲台，调侃的批判的控诉的哭泣的，环环相扣，高潮迭起。从没开过这样的班会。从没碰到过这样的班主任，还全市唯一的省重点高中呢！

有人在下面揭短："我听说，她是刚从十三中调来的。"

"啥！"李亚说，"我以前就是三中的，我可不知道她呀！"

"不是三中，是十三中！"

"十三中！三中我还知道，十三中在哪里？何况三中已经很破啦……"

最后发言的是副班长庞泽辉。他是一位持不同政见者。

"呃，这个——聆听了各位精彩的发言，我也来讲几句。说得不对，请大家批评。从大家的态度可以看出，同学们对胡老师是有一些意见的。这个很正常，因为世界上不存在让所有人都满意的人。这个，胡老师的教学的确有需要改进的地方，比如，课堂气氛不够活泼，啊，等等。但是我个人认为，她的优点也不少，她对我们还是尽职尽责的，克服了不少家庭方面的困难。呃，她的主张还是正确的居多，比如上一次她不允许我们在课外活动时间去包场看电影。我完全同意这个观点：只有有利于班级利益的活动才能开展……"

底下嘘声四起。这个庞泽辉哪儿来的这么一副官腔？听起来真叫人反感。他才几岁啊,说话就会这样地知利害,识大局,避重就轻,不顾良心。他肯这样向着胡俊,怪不得胡俊喜欢他。他在班会上都能说出这番话,那谁知道他跟胡俊在一起时会说出些什么来。

羊小牧戴着眼镜,偷眼看看讲台上的庞泽辉。她耳朵里听着他的话语,心里的感想和其他人是一样的。她很意外,失望,可是又想利用这个不着痕迹的机会,再看清一次他的长相。她的目光,马上被讲台上的庞泽辉捕捉到了。庞泽辉看得分明,自己刚开始发言时底下同学都还看着他,渐渐大家都把眼光移开,垂下,漠然以对。在无人搭理他的此时,却有一个女生,用一种怯生生的、幽怨的目光,悄悄看他。他马上用一种坦然的、视其为知己的目光把她的接住,嘴角轻翘,似是对她笑。他这样就把她算作是在支持他了。羊小牧懂得他在越俎代庖武断她的用心,忙把视线一低,低到前排的后脑勺以下,看不见他了。这是掩耳盗铃,因为他还能看见她。

班长和李亚发起的这次班会气氛成功,结局落败。事后再想想,原本也是必败无疑的——胡俊既然有门路从十三中调到这里来,她有可能轻易地被学生轰走吗?班长没了后路,向胡俊递了辞呈。胡俊收下辞呈,把庞泽辉扶了正。

冬天来了。每天晚上城区都要拉闸限电。晚自习七点开始，大约半个小时后电就会停。没电，纪律就比较松弛，回家也可，不回家点上蜡烛继续自习也可。愿意留下的人纷纷调整座位，找一个要好的同学，把课桌相向对在一处，两人的蜡烛左右一边一根，就成了两根。两个人这样相对坐着共烛自习，有时闲谈几句话，很放松，很融洽。教室被密布的烛光照亮，充盈着温暖的橘黄，人影幢幢，在改换了格局的教室里游动。很多人愿意继续在这里学习到九点。

羊小牧没有找人拼过桌子，也没人找她。在同学眼中她是个孤僻的女孩子。看书到中央，白炽的日光灯灭了，教室里顿时漆黑一团。羊小牧没有话，掀开课桌盖从角落里摸索出两根蜡烛，点上，一左一右让它们立稳在桌面前部，围出她自己的一片光明区域。其他人还在乱纷纷，她已经闹中取静，接续着在用功了。从后面看她——比如，从庞泽辉这里看过去，她的坐姿极正，腰背和脖子都挺得笔直，和她桌上左右两根蜡烛平行。她显得特别循规、蹈矩，好像她自小被教会了这种标准的坐姿，她就决不更改，虽说视力是变坏了，眼睛却仍是保持着离书本一尺远的距离。老师点她回答问题的时候，她会迅即站起来，站得笔直，答案从她嗓子里尖尖细细地出来。偶尔有人叫她，她侧过头，显露出半边脸，一道极为精致的线条勾勒出的额、鼻、唇、下巴颏儿。这个是极特别的女孩儿，庞泽辉还没跟她说过话。

九点快到了——她抬腕看了看表。庞泽辉心里一动，装作看完了书的样子,也开始收拾东西。她今天走得早一些,现在走,会避开九点时聚集的人流。庞泽辉吹着口哨先往外走,一路拍了后排几个哥们的背,从后门出去,到了楼下,他的脚步慢下来。教学楼外黑漆漆的,只有隐约的天光,他在两排梧桐夹道而生的一条直路上慢慢走。一个人影从侧门走出教学楼。那别样的走路姿态,就是她。她绕过那一片灌木丛,从另一头走上了这条直路。这条路在夏天是林荫路,现在,两边的梧桐都只剩下荒芜的枯枝,伸向晦暗的天空。她走在两行梧桐的中间,使这仿佛是黑炭笔勾勒出的图画生动。离她十几米,庞泽辉跟在她后面。

庞泽辉自己也不明确这样跟着她是想干什么。先跟一段,看她是住在哪条街。听人说她父母离异了,她跟着母亲生活,她的妈把她爱惜得金枝玉叶似的。上回胡俊留下几个人改本子,没改多久,羊小牧的妈就找来了,教学楼已经熄了灯,她跑到有灯光的办公楼下大声喊,后来胡俊就不再点羊小牧去改本子了。胡俊跟庞泽辉说,羊小牧的这个妈有点神经质,大概是离婚造成的——女的就是不能离婚,胡俊说。

在东门路口向右一拐弯,拐进了灯火通明的一条街,这是环城北路。才能够看清羊小牧的背影,身后一阵"嘀铃铃……",骑自行车的女生从庞泽辉身边驰过,叫一声:"羊小牧!"在羊小牧身边跳下车。这女生是三班的王吕,男生们评她是校花的那个。她个子没有羊小牧高,但是姿态很多,和羊小牧形成一动一静的对照。她们好像在谈和英语有关的事情,王吕频频地发问,羊小牧一一作答。王吕忽然回头向后看了一下。这王吕不同于羊小牧,她好像浑身都是神经。庞泽辉本能地肃穆起表情和身姿,也不快慢步伐,在下一个能转弯的路口转了弯。

这个夜里庞泽辉做了一些乱梦。梦里也是夜,胡俊问他是不是在谈女朋友,他说怎么会呢,我才上高一,我的任务是搞好班级的工作。胡俊说那我给你介绍一个,她会帮你搞好的。恍惚就停电了,王吕和他拼着桌子。王吕站在桌子上跳舞,她的腿在许多根蜡烛间穿插,她的裙子屡屡拂过蜡烛的火苗也不被点着。羊小牧在座位上捂住眼睛说,不行,我的眼睛花了。庞泽辉就走过去从背后把她抱起来,说:不要紧,这样我们的工作就搞好了。

这一个晚上并没有停电。下了晚自习,羊小牧却见庞泽辉抱着他的课桌往前移座位,他前面两排的人都让他,他移到和羊小牧齐平的左边来了,和她相邻。她很奇怪,就看着他。他也和蔼地看着她,问一句:"看什么?"羊小牧不知他在干什么,也没问就回家了。第二天早上来上学,忽然发现他仍然坐在自己左边,才想到他是调换了座位,而不是停电时的临时移位。羊小牧心里有种唐突的感觉。她宁可他坐得远些。

是庞泽辉向胡俊提出的——他说他耳朵不大好,想向前挪两排。胡俊当然给予了方便,跟坐他前面的两个人说了一声。庞泽辉的耳朵也许真是不大好,别人跟他说话,他总要习惯性地"啊?"一声,让人重复。

临近期末了,班长庞泽辉设计了一套民意测验,有二十个问题。诸如:你对我们班最满意的是什么?最不满意的是什么?在这个班上你最佩服的人是谁?最讨厌的人是谁?——最佩服的人大家填了,最讨厌的人则要么不填,要么填上"某个自私的人"、"一个虚伪的家伙"之类。不过,全班同学对这套窥测内心的民意测验题基本上都合作地给出了答案。庞泽辉没能成为大家最佩服的人,但他是他自己设计的这套测验的批阅者。有一个女生最佩服前任班长,理由是"他心底无私天地宽,为同学有牺牲精神",并表示她最看重的是同学友情。庞泽辉提笔批道:"在我们这个阶段,应该想的是学习、理想,珍惜友情固然好,但是,不要占太大的比重!过分看重某些东西,是一种不成熟的表现。"女生看了这批语,跑来质问庞泽辉是什么意思。庞泽辉说:"在我们这个年龄,成熟的人想的就是学习,不成熟的人就会想到一些别的问题。"女生说:"你别恶心人了!你以为你是谁!你有什么资格出这些题让我们回答,然后由你来写批语?就你,得了吧!这个班上我最看不上的就是你!"

他们的对话羊小牧在旁边听得清清楚楚。庞泽辉被这泼辣的女生抢了这一番白，他本想说什么，似乎忍回去了，没说话。这一忍给他加了分，在羊小牧心中留下了一个忍辱负重般的印象。他当这班长，倒还肯受些委屈。羊小牧填写民意测验写得很平淡，不过也有稀奇的地方。最佩服的人她填的是成绩排名第一的同学，最讨厌的人她填没有。对自己哪方面最不满意，她填"身体差"；对今后有什么打算，她写"多多地吃饭"。她的字写得轻柔纤细，很像她的人。庞泽辉斟酌了许久，才批道："衷心祝愿您克服弱点，变得更加优秀。并希望您在今后能够多多充实自己的生活，融入我们这个集体。"

晚上又停电了。天冷，走的人多，留的人少，稀疏寥落的蜡烛光里，人显得意兴阑珊。庞泽辉似乎有些无心无绪。他问羊小牧在看什么书。见是英语书，就笑："光搞英语！"羊小牧沉吟一下说："我喜欢。而且，三班的王吕约我比一比这次期末的英语成绩。"庞泽辉轻轻笑了一下，把左手托在头后，他的头就此停顿在朝向着羊小牧的方向，才说："比，应该比综合实力。你的英语已经非常好了。你就算英语比她高几分，其他科目要是都不及格，你觉得怎样？"他的夹着钢笔的右手一下一下敲击着桌面。羊小牧听着他的话，觉得有理，进而觉得自己很土。

沉默许久，庞泽辉突然轻声说："……其实，这个民意测验是胡老师让我做的,她想了解同学们的想法。我也不愿意出这个头,费这个事。……上次的班会,所有的人都在批评胡老师,我觉得我必须说一些相反的意见,否则场面怎么收拾?大家好像需要一个和胡老师对抗的班长,而不是想处理好跟胡老师的关系。事情没有那么简单的。班上不少同学都还像小孩子似的,想问题特简单。我们还得跟胡老师处下去,至少一年。我只是想尽量把师生关系调解得和谐一些,结果我成了靶子。——算了。'我不下地狱,谁下地狱?'"

他的眼睛看着他的桌面说出这番话,没有再看羊小牧,虽然这番话是说给她一个人听的。他的眉尖微蹙着,眉宇间似有无限隐衷,在烛光的照映下,他此刻的神情非常动人。原来他并不是那样的人,像同学们说的那样:虚伪,世故,圆滑,逢迎,打官腔,有官瘾,工于心计……他的用意不被人理解,但他不为自己辩解。委屈他忍下去,重负他背起来,为了大家好。羊小牧一阵心颤,爱怜涌上来。现在她明白了他了。他竟是如此成熟有头脑。被他的深沉比着,前任班长的一味领着同学跟胡俊作对显得多么浅薄,只是赢取了属于他自己的威信罢了。这个庞泽辉,默默地,在艰难的处境中坚持。

他为什么愿意跟她说这些呢?羊小牧原是个最不容易去交心的人啊。或许正因为如此,跟她交心才是最可靠的。她不会去跟别人说,只会还给你对等的、加倍的忠实。她一定不辜负他给予的信任。

她要走了。他对她微微一笑。烛光使他的脸玉石一般无瑕。

期末考试成绩出来了,王吕兴冲冲跑来四班找羊小牧。王吕的英语考了99分,她胜券在握地问羊小牧:"你多少?"羊小牧考了97分。可惜总分只有100分,拉不开太大差距。当然分数之外还有广阔的空间,对此王吕更自信。王吕翻看羊小牧桌上堆的书,忽然说:"呀,你还有本书在我那里呢。我去给你拿来。"她跑回三班拿了本书来还给羊小牧。羊小牧一看,正是自己莫名其妙地丢失怎么也找不到的那本英语书,也是她妈妈托人费事才买到的。因问:"这本书怎么会在你那里?"王吕说:"我来还磁带的时候你不在,我拿去看的,一直忘了还你。"这本书羊小牧自己只看了开头几页,后面密密麻麻涂满了的笔记、写满了的练习答案,全都出自王吕的手笔,书页也给翻折得破旧了。别人的书,她不打招呼就拿走,当成自己的去用,直到全部用完了,期末考试也结束了,她才想起来还。可是羊小牧的字典里,没有语言可以供她来谴责这种行为,即使有,她也说不出口。王吕毕竟是她的朋友。

王吕坐在羊小牧的前排座位上等她收书包,一边随意地扫了一眼旁边那一组的一个高个儿男生。那男生也只看了她一眼就自顾走了,很有些领袖派头地盼咐几个同学做这个做那个。王吕和羊小牧下了楼,她去车棚把自行车推出来,忽然问羊小牧:"哎坐你旁边的那个男生,是不是就叫庞泽辉呀?"

羊小牧说:"是啊?"

王吕说:"他长得倒很有点 handsome[1]。"

羊小牧心里一动,嘴上说:"是吗?"

王吕说:"一开始不觉得,还觉得他长得挺别扭的。再看就好了,而且他这种长相还比一般的英俊有味道些,很清爽。他风度也还不错。"

羊小牧听得字字留心,心有戚戚。不自禁她就多说了一句:"可是,我们班很多同学都对他不以为然。"

"为什么呢?"

因为——因为胡俊的关系啊。大家都恨胡俊,但是胡俊喜欢他,他又是……羊小牧表达不清其间太复杂的因果关系了。

王吕摇摇头:"别管这些事情。你管不了的。我们现在进了高中,目的就是要考大学,考最好的大学。我们这个城市太小了,你不考出去,将来一点前途都没有。我现在担任的班级和学校的工作有点太多了,很花时间,但是我想这些工

---

[1] 注:英俊。

作对培养能力有好处,所以我还是去做。老师嘛,不可能每一个都好,教得好的课我就听,教得不好我就自己看书,有问题再问他。跟老师的关系不用那么复杂,客气就可以了,让他们对你有好印象就可以了。小牧,有一天我在一本书上看到两个字,让我觉得好害怕:'消耗'。我老想着生命过一分钟就少一分钟。时间不会停。我只能做对我的生命有用的事情,没有用的事情尽量不做,但还是避免不了……"

羊小牧从来没想过这么多。她问了个比较具体的问题:"你说,像我们喜欢英语的话,以后做什么才好呢?"

王吕说:"经贸。我妈说,就这个是最好的。在美国,第一流最优秀的人才都在经商。英语只是工具,再喜欢也不能光搞它,其实它只是一种语言而已,你说它能有多大意思呢?"

羊小牧恰恰觉得英语就是作为语言本身有意思,经贸毫无意思。可是她没有说出来,觉得自己的话很不上台面。对于今后自己应该干什么,她一无主张。

拐进环城北路,王吕说:"哎,还没去过你家呢,我去你家看看吧?"

羊小牧家绝少有客,她和她妈妈都是孤僻的人。她们家只有两间房子,面积小,光线差,家具简陋,但供羊小牧学习的空间布置得不错,尤其她的学习工具,井井有条,一应俱全。王吕把码在书桌上的参考书、磁带一一翻看询问,借了几本书，说看完再来借。羊小牧的妈今天下班特地买了好些菜，女儿考完了，该给她补补身体。王吕很爽快地答应留下来吃饭，她在厨房里帮着羊小牧的妈端菜，碗很烫，经过垃圾篓时她信手从里头拉出张纸来垫，这一下把羊小牧的妈的脸都羞红了，因为那个垃圾篓是摆在她们昏暗的卫生间门口的。王吕意识到了，丢下纸，把手在她昂贵的牛仔裤上揩揩，就坐在桌旁拿筷子了。

王吕吃得多，她喜欢吃鱼吃肉，大块大块地夹。她说："鱼肉有营养啊！多吃身体好。我妈就批评我不吃青菜，不过我喜欢吃水果，也是一样的。我还喜欢喝牛奶。"羊小牧的妈说："我们小牧就是吃不下饭。一碗饭扒半天。她光喜欢吃些菜叶叶，不喜欢吃肉，要像你的话，身体就好了哩！"

晚上羊小牧坐在桌边摩挲王吕还给她的书，一下一下地捋那卷折的书角，想把它们捋平。她妈见她并不在看书，就问，问了之后脸色有点难看。停了停她说："我看这个姑娘比较占强，自私，光想着自己。她今天又借了几本书走，你心里有没数啊？"

羊小牧摇头。隔一会她问："妈妈，你说她是不是特别漂亮？"

羊小牧的妈说："漂亮是漂亮，不过不经看。她就是第一眼让人觉得特别漂亮，再看就没那么好了。她长得太饱和，太霸道，没留余地，缺少回味。她这个长相小时候最好，越往后越不行。人无千日好,花无百日红啊。"

1987年的大街小巷,震天响的录音机里放着泛滥的情歌。开放搞活了,各路情歌冲闸似的涌来,它们的歌词都非常直白:

"我的一份柔情我的一片心意我已奉献给了你 / 不要对我冷漠不要不理睬我怕你冷冷地待我 / 不求你的荣华不求你的富贵只要你对我真心";

"如果早知你对我不是真意 / 我也就不会这样轻易地爱上你 / 如果真有情,为什么悄然远离去 / 事到如今只有自己怪自己 / Missing you tonight / 偏偏我还想念你"。

诸如此类。"爱"呀,"情"呀,"心"呀满天飞。羊小牧的情感就没有了其他选择,只有这一种模式可循。羊小牧从来没喜欢过任何异性。她爸爸离开了她;天天上学,埋头读书,班上的男生她几乎就没有看清楚过。她十五岁的心像一张白纸,往上画什么就是什么,并且不易涂去。

羊小牧过了一个充满相思的寒假。本来尚在朦胧状态的一种情感,被分开的二十多天抽空、拉断,她觉得心里空落落。于是寄托于回忆,每天重温,像做功课。在效果上,日日复习是将它压实、压紧了,它得到了强化,成为一个明确的定势。下雪了。羊小牧吃惊地发现走在冰天雪地中的自己,内心竟像一盆燃烧的炉火。她无比怀念那些个停电的晚上，时而，她感觉有人轻轻碰碰她的肘弯，那是他，接着他就从座位上探出身子，把英语书伸过来，指着上面的一行字句，问她问题。有一次她中途出去了，再进来时，他在座位上仿佛是在等她回来似的抬起头看她，对她一笑。烛光里他的脸有股不可言喻的魅力，在触碰不着的回忆中尤其如此。

他的英语不太好，很多语法都没弄清。他的成绩也不太好，期末考试总分在班上排到三十多名。这使得他作为班长压力更大，他缺少一项强有力的立身资本，赢不来同学的由衷敬重。风传某某某想"篡他的位"，那个人成绩是头几名，特别地看不惯庞泽辉。羊小牧不知"篡位"一词出自谁的口，不过一个班长而已，至于用上这个词吗？像这次总分排名第一的李亚，他就对当干部毫无兴趣。他却辞不掉数学科代表这个小官衔儿，胡俊非要他当，他只好每天挂一副没精打采又一本正经的脸谱出入胡俊的办公室，唯唯诺诺听她吩咐。——其实庞泽辉又何尝对区区一个班长有多大兴趣？羊小牧替他想道，他有为大家所不理解的良苦用心，大家反倒还奚落他。羊小牧心中涌上一阵爱怜。——无论一个女性自身多么弱小，她对她所钟情的男性的爱慕中总掺杂了些许爱怜，这是为什么呢？

羊小牧想帮他做一点事情。把这一学期的英语笔记整理一份出来，送给他，那是不是很好？这个念头让羊小牧兴奋、踏实，因为找到了一件可以着手干的事，她空落落的心安定了。至于整理好了怎样给他，她没主意，等开学后慢慢看机会吧。

正月初四，各班班干部约好了去老师们家中拜年。庞泽辉几个敲门进英语老师的家时，他家客厅里正坐着三班的几个同学，引人注目的王吕坐在最引人注目的位置上。

王吕特别不拘束，她是和英语老师谈话的主角。她父亲的工作单位，她母亲的工作单位，好似组成了这个小城的经纬，给她提供了左右逢源的谈资。她因而显得知道的事情格外多，能够跟老师一对一地交流，其他人，都是听众。庞泽辉坐的方位是给她取景拍照的最佳角度，庞泽辉立身的原则也是给她做价值判断的最佳立场。这个女生的确不错，他想，闻名不如见面，今后她恐怕是个商界或政界的女强人。

庞泽辉暗自酝酿，把他十六年累积的思想见解的精华迅速整合，挑选出眼下能够应用的部分，编辑出一段话。然后他不露声色地察言观色，等候一个最恰当的时机，把这一段警句吐露出去——吐露给在座的各位，而以王吕为核心目标。

时机来了。英语老师问王吕今后打算考什么学校。王吕拍掉手上的瓜子壳儿，不明确地说："应该是，往北京考吧。北京的一流院校多，选择面比较宽。"

庞泽辉说："选择有千万项，属于自己的只有一项。所以它必须符合客观规律和具体实际。"

王吕说:"我想我们现在还是太年轻了,现在的想法,到以后再来看真不知道是不是对的……"

英语老师说:"不怕。你会慢慢成熟起来。"

庞泽辉说:"成熟是一件痛苦的事。金色的幻想失去了,无邪和幼稚这两重鹅黄的底子也失去了。但它也是一件幸福的事,因为它会带来事业的成功和生命的造极。"

王吕的眼光果然落到庞泽辉身上来了。庞泽辉没有看她,他半垂着眼端详自己的手——他的肘弯搁在膝头,双手刻意摆合出一种闲逸的姿态——仿佛刚才那段话只是在抒发他内心的感悟,而无意要说给任何人听。王吕似乎对他有所发现,她的眼睛骤然明亮了一下,这亮光被他眼睛的余光接收了。

英语老师说:"庞泽辉不错的啊,是个 thinker[1]。我听你们胡老师时常夸奖你,说你比同龄的同学要少年老成多了,是个成大器的料子……"

庞泽辉微微一笑。他笑的是他对镜练习过的那种器宇轩昂的笑,寓高瞻远瞩于低调蕴蓄的那种笑,未来伟人式的笑。

春天来了。树木由初生的稚嫩明亮的新绿逐渐变深变

---

[1] 注:思想者,思想家。

浓。四季开始新一轮的循环。

　　羊小牧看庞泽辉，看他如看天上月。被阴云遮蔽是他苦闷的时候，他的这种时候还不少。他会一整天几乎没有一句话，偶尔略过她的眼光也是没有聚焦，没有痕迹，没有意念的。等他愉悦起来，那就如阴霾散去，一轮朗照，他又会饶有兴致地找她问这问那。他阴晴不定的态度形成羊小牧内心情绪的起伏线。

　　庞泽辉看王吕，看她如看天上星。在学校里开展各种活动的时候，她被各色师生和事务包围，应接不暇的她是颗耀眼的星，离他很远。而在走廊、楼梯迎面碰到的时候，她的星眸时而会闪动一下，那是给他的。

　　王吕看庞泽辉，看他像看教室窗外的一棵树。看书疲惫的时候，她托腮望着它，调节一下视力。之所以是它，是因为它的角度于她最适宜，而且它树荫茂盛，随风摇摆，能让她的心也摇摆一番。但没有它也行，还有其他树。想进入王吕视野的树实在很多。

　　庞泽辉看羊小牧，看她像看校园里随处开放的花。本来只是星星点点的花骨朵儿，需要用心寻觅，那初绽的娇嫩蕊瓣也令人爱怜。花很快就开多了，来不及收纳就到处都是了，盛开的花瓣也不新鲜了。人们把珍惜的心收了，花事就快结束了。

初夏是一个做决定的时间。决定读文科，还是读理科，高二就要分班了。绝大多数人都是要读理科的。理科将有六个班，文科只一个。决定读文科的人将从现有的各班抽出来组成一个新的班。

羊小牧是标准的文科生材料，可她心里依依不舍，迟迟没有去报文科。她甚至想，读理科也行，因为她的理科成绩也不差，只要再努力一点……只要她和他仍然以现在的格局坐上两年。忽冷忽热也好，她的心，总归是牵附着依恋，着落在这里。

她帮他整理的英语笔记越来越厚，只是不敢送出去。那一页累一页写满娟柔字迹的纸是她心的重量，她不知该拿这越积越厚的心意怎么办。越发地难以给出去。给是给予，也是托付。她的可可的心。

又要期末考试了，该给他了，否则就是白费。她是专程到邮局寄出去的。寄到学校，高一（四）班庞泽辉同学收，挂了个号。三十多页纸，贴了八张邮票。在同一个城市里挂号信也要走三天。

这天黄昏她很早就来学校上晚自习了。夏天来了，六点多钟天还大亮。她洗了澡，换了一件白色连衣裙。才坐下不久他就进来了。不知为什么他神采飞扬，脸上有一种光彩在流溢，使他看上去分外英俊。他也换了一件白色底英文字母图案的衬衫。

他温和地同她说了几句话。是他收到东西了吗？应该还没有，她今天去门房看过邮件了。还在路上。一直在路上也好，不来打破这种平和的交流。

他看着她，微微笑了一下。"我跟你订一个条约好不好？"

她看向他。她自卑戴着眼镜的自己是不好看的，在他这样看着她的时刻。在温情的眼神对视中她听见他说：

"从现在起，到这个学期结束，我们不再讲话。"

她跟不上他这样一个急转弯。她看了他一会儿，所能做的就是回转头，继续写自己的作业。

"是因为工作问题。"他加了一句。然后他就起身走了出去。

羊小牧不知庞泽辉正要被提拔了。这提拔不是当干部，而是以担任骨干干部为基本条件的推荐，向来这所中学进行意向调查的高校推荐，争取两年后的保送资格。胡俊极力推荐庞泽辉，他就被叫去了位于学交最幽静一角的校长会客室谈话。王吕也去了。来的有一所北京的高校，一所武汉的高校。对王吕来说，这两所学校都不尽如意；对庞泽辉来说则是求之不得了。以他目前的成绩状况，两年后他未必能考取一所一般性的院校，那么，保送，对他就是最好的一条路。

所以他从此需要最优秀的表现，争取学校和所有老师对自己的最高评价。一切没有用的牵绊，都该清除，自己的行为需要最大限度的不落言栓。他为自己曾经在下晚自习后跟踪羊小牧感到后怕。幸亏没有人知道。他跟羊小牧讲话也多了一点，男生中有人说闲话。她本不是个爱说话的女生，他每每拍她的手肘找她，显得太触目。她本来也没那么好——去除了神秘感之后，她的病态美还原为病态。她过分柔弱了，对她好，她会像只小动物似的依附上来——动作上是没有，心理上有。她的心思单纯得完全在他掌控之下，这也令他索然。

找个教室里清静的时间，告诉她以后两人不再讲话就可以了。无须其他交代。她好对付，果然就此吞声。

次日，他却收到了一封很厚的挂号信。

可惜挂了号，只能落到他手。可惜了她的芳心可可。女孩啊你还不懂得，你把一颗心这样明白，毫无保留地呈送上去，结果必然是被轻视，被漠视。他不是那种会珍惜、会深深感动的、有重量的男子。

他提笔给她写了一封信。这封信，即使被人看到了也不怕，因为原本就是为了公众视线、为了正当理由而写的。

羊小牧掀开课桌盖，发现了它。信封上熟悉的笔迹让她混沌的头脑一震，仿佛拨云见日。他一定是为前两天那句莫名其妙的话，来补充一个交代。或许他看出她的不舍，想劝告她以前途为重——他决定不再跟她说话原是为了帮助她清醒。报文科只剩最后的期限了。他不能眼看着她沉溺在小情境里耽误自己。或许他要跟她约定，分开两年，共同努力，一起考上大学后再相见。

晚自习下了。潮涌的人流吵吵嚷嚷地过去。羊小牧独自走在街灯下，看见自己纤长的身影轻快，轻盈，不再弱骨伶仃。

等妈妈睡了，她才从书包里取出它来——

"您好！（呼语不知从何，望谅）

"您太不了解本人，现阶段即黄金时代也者，吾辈当尽力报国，兴吾少年之中国。您之志向吾尚不明，然时光如流水当深知矣。您之好友王吕之大志大勇，为多数男子钦佩，也应鉴而修之。……"

羊小牧只觉得万箭攒心。万箭穿心。她身子瑟瑟发抖，眼泪像一条条直线，直接从眼睛里落到地下。眼泪冰凉，她浑身上下，内外，也都是囫囵的冰凉一块。

"……感谢您赠送的学习资料。但此事可一不可再，下次吾决计不收取，或予上交。……"

进文科班之后，羊小牧再也没见过庞泽辉。

她看不见他了。她凭着模糊的视力走在校园走惯了的路径上，即使庞泽辉只在离她几步之遥，她也看不见。她好像又成了个心无旁骛的特别女生，两条细长的腿僵直地移步，像个影子似的飘浮在人人脚踏实地的大地上。庞泽辉看她向他走来,眼光幽怨地盯住他,在转弯下台阶时她缓缓低头、小心翼翼的姿态,异常婉约优雅——他忽然想到,其实她并没看到他,她走路时的眼神就是那个样子的。

他已不在她的视野中,但他仍在她的意念里。他信中居高临下的姿态,揶揄凌人的口气——"您太不了解本人……您之志向吾尚不明,然时光如流水当深知矣……"——让她感到深深的羞辱。他的文言并不畅顺,这里,断句到底是"您之志向",还是"您之志","向"字作"从前"解?似乎应是后者,那样全句的意思才连贯:您的志向从前我并不知道,但随着时光流逝我再明白不过了。言下之意是,您——而不是"你",欲抑先扬,效果上更加疏离睥睨——是个什么样的人,为我深知,以至于我都不屑于说出来。你不就是一个心里头除了想着男女这一件事,再也没有其他内容的人吗?你是太不了解我了,你以为一直以来我的想法都和你一样,我在配合你吗?你错了!大错特错,我是个志向高远的人。你可以看看你的好朋友王吕,她那种大志大勇,那才是天下多数男子都钦佩敬重的。毫无疑问,我就在他们中间,因为我就是持这种观点的人。您比起她来差得太远,应该向她借鉴着学一学。

最后一层意思是在羊小牧心上扎得最深的一刀。前面的,一刀一刀,扎过了只留下伤口,到最后,这一刀就插在那里不拔出来了。

王吕现在就坐在羊小牧前排。

王吕听课极其认真,老师讲的每一个字她都不放过。但她的坐姿却不规矩,以她自己的舒服为原则。她会让凳子的三只脚悬空,只剩一只脚支撑,当然,她的胳膊也得扶持着桌面,她的身子就以撑地的那只凳子脚为轴,连同凳子一起晃荡,晃荡……配合她的思索。蓦地她想到什么,于是非常便利地以轴为支撑点向后飞速一转180°,转向羊小牧,另一只凳子脚随即落地,在羊小牧的脚上一剐。

羊小牧痛得惊呼一声。她的左脚大脚趾被剐去了一层皮,本来包着那个部位的凉鞋带子则被生生刮断了。这双凉鞋是她妈妈才给她买的。

"哎呀,对不起!"王吕让凳子的四只脚全盘着地了。"我家里有胶布,我明天带来给你粘。"

她连头都没低下去看看,羊小牧的脚或是鞋。明天?当天她就忘掉了这件事,她这个满脑子除了学习和前途什么都不想的人,回到家还会想到去找胶布?她当时表的态也只是胶布。剐伤了人家的脚和鞋,她用胶布去补偿。

那双鞋断的地方太关键,找鞋匠修了一次,又断了。不能穿,只能不要了。

如此天天近在眼前地看王吕,羊小牧发现妈妈说的是对的。她不经看。她完美的五官缺乏感性和灵魂,缺少味道。

另外她的姿态实在是太自由了一点，毫无章法和规矩，就是小时候妈妈训诫过的"站没站相，坐没坐相"。

天凉了，王吕反而把头发剪了，剪得极短。她说，昨天在一本杂志上看到说头发长了耗费大脑的营养，损耗智力，所以立即去剪了。她的同桌说不好看，她说："怎么会呢？我这么好看，我怎么都好看。"为了减少上下学耗在路上的时间，她在学校搭伙吃饭。她经常找同学借饭菜票，借了就不兴还。倒不是她故意不还，而是她根本不当回事，她从小就没缺过钱，所以不在意钱。有时别人也找她借，不过她借出的远少于她借别人的。在学校搭伙，这种借来借去的账是算不清楚的。有一次王吕没菜票了，也借不到，于是她想起来，谁谁、谁谁谁，是找她借过菜票的。她一一去讨还，那个中午她吃了一顿比平时还丰盛的饭菜。

羊小牧喜欢把一天中计划要看的书都堆在课桌的前部。看完一本，就收进去一本，看着一摞书慢慢低矮下去——一种成就感油然而生。王吕有时候转过身来翻这摞书，挑中一本，就抽去看了。

有一天羊小牧找不到她的历史书了。两三天都找不到。想起了，一定是在王吕那里。她还没来，她的同桌帮着掀开她的课桌，果然是在她那里。

王吕来了。羊小牧说："王吕，你把我的历史书拿去了。害我找了几天。"

王吕说:"那怎么会呢?我怎么会拿你的历史书呢?"

羊小牧说:"这书就是从你屉子里找出来的嘛。"

王吕的声音提高了:"不可能是我拿的!肯定是哪个随手翻了,顺手放在我这里的。"她转向她的同桌:"你怎么随便翻我的屉子?"

然后她就不再同她们两个讲话,自己埋头看书了。

她真是一个大志大勇的人。自己的学习、前途最重要,自己最重要。目标明确、眼光坚定,自己永远是对的。

高二上学期期末考试,羊小牧排第四名,王吕第五名。她听到结果时毫不掩饰地"啊"了一声——不,她绝不接受这个现实,别人比她强。

文科的成绩不比理科那么稳定,偶然性大,排名动荡。到下学期,王吕上升到了第二名,羊小牧后退到了第九名。王吕特别高兴,走路哼歌儿,一双胳膊像婴儿一样摇摇摆摆,舞着巴掌。

高二放暑假之前,英语老师带来一个讯息:暑假里省城要办一个英语听力口语培训班,为期一周,欢迎高考打算填报英语专业的同学报名。学费、交通费、住宿伙食费,加起来估计得准备300元。王吕当场就报了名;羊小牧听到300元这个数字,就放弃了念头。这额外的300元会让妈妈辛苦很久,而且,她走这一星期,妈妈在家一定寝食难安。可怜的妈妈。

王吕的妈在帮王吕收拾箱子。王吕说:"羊小牧没有报名。不晓得是不是家里条件不好,嫌费用贵了。她坐在后面一直没作声。"

王吕的妈说:"所以说,经济条件其实是相当重要的,它也决定一个人的眼界见识。我看那女孩子就是透着股小家子气,什么都不懂似的。而且她那个身体实在太差,今后怎么样,很难说。"

王吕说:"她读文科以后,好像反而跟我疏远了,讲话总像隔了一层。"

王吕的妈说:"那还不好理解?嫉妒呗。最简单的理由。你们是一个班上的同学了,也是竞争对手了,她当然紧张。她觉得自己学习好,长得也好,可是你的综合素质比她强,参加的活动多,有什么事情老师都优先想到你。她怎么会舒服呢?"

王吕说:"她要为这个不舒服,那全国那么多人参加高考,她嫉妒得过来呀?"

王吕的妈说:"那些人她看不见,对她来说没有意义。在我们全市,高考指望最大的就是你们学校,而你们学校就只你们一个文科班,所以,对手很清楚,就是你们这些人。一个大学一个专业在一个地区招生,那都是有名额限制的,假如说只招一个,那你和她就只能去一个。你懂这个关系不?"

暑假里王吕听她的小姨说了一件事。说她妈妈年轻的时候，本来是不打算和她爸爸结婚的，可是那时妈妈发现已经有了王吕了，只好和他结婚。王吕听了很是震惊，继而她觉得自己找到了她爸爸时不时歇斯底里的根由，为什么他恨妈妈，恨自己。王吕毕竟才十七岁，她的理解力还很有限。她自以为弄懂了，其实还是没弄懂。她爸爸本来也是个难以解释得通的人。

高三上学期，她爸爸又发作过一次。这次是在半夜，他不回避妻子或女儿中的一方了，他就是要她们两个一起看他闹的场面。王吕已经熟睡，他冲进她的房间把她拖起来了。他把枕头被褥扔得满房间都是。他拆了她的床。王吕穿着睡衣，哭肿了眼睛。在他的这种状态中王吕的妈不敢跟他争闹，只是把他拆下的床板铺在地上，铺上垫褥，让王吕睡。睡，把他的精神病睡过去。

次日早上他的发作过去了。妈妈躺在王吕身边，周围一地狼藉。"你快考出去吧，"她憔悴得老了好几岁，"考出去就好了。我这辈子是被他毁了。"

好在这一次到高考期间是他的间歇期。也许他自己也明白，女儿要高考了，闹不得了，女儿也在家待不了多久了。他变得分外慈爱，但王吕不想理他。她早出晚归，早中晚三餐都不在家里吃，寒假期间也天天到学校里去看书。

老师们都说我志向远大，其实我只是想躲开我的爸爸……走神的时候,王吕想道。

羊小牧怕看王吕的专心致志的后背。那后背就逼竖在她眼前,屏蔽着她,压抑着她。王吕总是表现得那么用功,那么自信,那么得天独厚,气势凌驾于旁人之上。她为什么拥有那么多的优势与完满?她家庭条件优越,人又聪明、漂亮,谁对她都是一副另眼相看的态度,处处受优待,她做任何事都比别人顺。这一切使她的心理素质也格外强硬,她从不顾忌别人,排除一切消耗往前冲。羊小牧承认,她的难受,根源其实在于庞泽辉的那句话。有了他那句话,她才开始被王吕压迫,王吕的优点和缺点一齐折磨她。

在中午,能够不坐在她后面的时间里,羊小牧找到了一个超脱的地方。在实验楼的背后有一长片土坡,坡上一溜梧桐树,每棵树下都坐着一个学生,背靠树干,身畔一摞书,各自为政互不干扰。这里适合羊小牧。她总是早早地去,占据一棵树,盘腿坐下来。坐在这里,她的心很宁静。疲乏的时候,她仰头看,梧桐树很高很高,青绿的叶子在顶端,叶缝中漏出青白的天。快了,高中的三年,就快要过去了。

高考前夕,王吕的状态调整到了最佳。有时早上她湿着头发来上学,进教室的步子大幅度地一颠一颠,告诉别人说,她六点钟就起床,到游泳池游了半个小时,然后喝一大杯牛奶……感觉好极了!考前一周,她用一个新的练习本来复习，在封面写上"最后一遍"。谁都能看出她的胸有成竹。

高考的三天她的父母在考场外守候。她父母都是上班自由度很大的人，不必请假就可以全天候陪同女儿。王吕考完出来了，她妈妈立即迎上去牵她的手，递上冰淇淋，王吕接过咬下一大口——她爸爸举相机拍下了这一镜头。

羊小牧的妈妈要上班。早晨，她提前起床给女儿蒸馒头，打青菜蛋汤，看着她吃。中午下班她不能去考场，得赶快回家做饭；下午，她下班时女儿已经考完了，她接不到她，还是如常去菜场买菜回家。

高考的结果——全市文科第一名，所有人都问："是不是王吕？"不是，是羊小牧。王吕考得很不错了，但羊小牧比王吕要高出18分。

就是那个女孩呀——那个走路像木乃伊的。嗨，别那样说人家，她还是挺漂亮的，像林黛玉。她平时可从来没考过这么好呀！运气呗，有些人爆发力强。爆发什么，暴发户吧。你怎么这样讲，你心里不舒服了？羊小牧，她还可以吧……她只是不爱讲话，所以我这两年几乎没跟她讲过话。

迎向羊小牧的笑脸一下子多了，简直到处都是，包括那些之前是一张冷脸的，全变过来了。认得的不认得的都来找她讲话。王吕的妈妈也来跟羊小牧的妈妈握手，笑容可掬地对羊小牧说："祝贺你呀！"他们一家三口都是风度翩翩的，倒显得羊小牧的妈有点局促。

接下来就是填志愿了。羊小牧和她妈妈都不懂，不知道该填什么学校什么专业。晚上在灯下拿着招生简报看了一个小时，就填北京吧，填最好的学校。什么专业呢？曾经听王吕说，经贸是最好的，那就填国际贸易吧。这个专业在本市只招一人，既然羊小牧是文科第一名，那应该没有问题。

把志愿表交了之后，羊小牧和妈妈就没再多想了。

王吕填的也是同一学校的同一专业。这是她三年来早就瞄准了的。他们已经知道羊小牧填的是这个。羊小牧的高考分数比王吕高18分，只招一个，会要谁？王吕的妈打了无数个长途电话到北京。志愿交了之后，她继续整理王吕的个人资料——从小学到高中，十一年间担任的所有班级、学校职务，参加过的一切比赛的奖状、证书，获得过的荣誉称号、头衔，市报上刊登过的消息、报道，等等。还有一样，是王吕的几幅精彩的大彩照。虽说志愿表上也有照片，但那只是一张一寸的黑白照，反映不了女儿的绝代风华。一个大邮件，以最快的邮递形式，寄往北京那所高校的某个特定的人。

王吕被录取了，国际贸易系。羊小牧也被录取了，她被调剂到英语系。羊小牧还算幸运，没像有的同学那样明明是高分，第一志愿落了空就落到了个三流院校。她以后会发现，读英语系其实更适合她。盲目地填报国际贸易是被王吕误导了，好在又由王吕的妈纠正过来了，真是解铃还须系铃人。

庞泽辉落了榜。他的保送指望也早就落空，因为他的成绩实在不理想，离高校的要求太有距离。高校倒是看中了李亚。李亚可不愿意去，他的目标是清华，而且他不怵高考，考清华对他来说如探囊取物。中学也不舍得把李亚给出去，李亚这种尖子生是要留来高考拿高分给学校争光的。高校的老师问李亚：你的数学是哪位老师教的？你的班主任是哪一位？李亚说，是胡老师。高校的老师和胡老师交谈。高校的老师大跌眼镜。李亚怕胡老师从校长会客室谈完话后出来追打他，寻个理由先一步溜了。

羊小牧在北京的大学里收到一封信。信封上印着上海一所大学的校名，拆开一看，却是庞泽辉写的。羊小牧知道他在复读，不知为什么要曲里拐弯写了信托人从上海寄过来。庞泽辉在信中提到了高一时的一些往事，说"那时候我们有着深厚的友谊"，说每逢假期他都会把她送给他的英语笔记拿出来看几遍。他希望他们能够继续保持这种友谊，但是，"请暂时不要打听我的地址，给我寄信。我现在在卧薪尝胆。我相信，我终归会达到我的理想和目标"。

羊小牧当然没有给他寄任何信。她已经不太想得起他的相貌，她的记忆力也近视了。现在来回想，他实在太平常了。神奇的是她蓓蕾初绽的青春，在他这样平常的一个人身上显出神迹,让她看到那么俊逸动人的脸,滋生出那么美丽忧伤的心境——这神迹是她自己给自己的,原本与他无关。

只是,代价是,我好不容易才从王吕的阴影中挣扎出来。羊小牧想。

庞泽辉的信显得很不真诚,可要说他写信的时候一点真诚都没有,那也冤枉了他。羊小牧的高考成绩震动全校乃至全市,他也在震波范围之内。他被提醒了,他早已忘却了的许多往事。翻看着她送他的英语笔记,他想起她待他的好,在其他人都鄙夷他菲薄他孤立他的时候,她相信他看重他帮助他。她是个多么好的女孩子啊。他想起那个停电的晚上,他跟在她后面,她一点都没有觉察。晦暗的天幕下,两排仿佛是黑炭笔画出的梧桐树之间,走着羊小牧。她走路的姿势是有些特别,可是并不难看,是谁给她起了"木乃伊"这么难听的外号?她走路的步子其实很合乎古典的规范:"纤纤作细步,精妙世无双。"

他为什么要跟着她呢?他从来没探究过自己当时的心理。只是率性,偶尔地,他这样善于掩藏自己的人也冒了一次授人话柄的危险。在追忆中,那竟是很美好、永不复来的心动体验。

她那时多美啊!就像花儿一样。

2005年3月17日—4月10日

春早

我最早意识到的春天,是由小学语文课本引领而来的:"春天来了,冰雪融化,种子发芽,果树开花……"那是小学语文课本的第二册,在一年级的下学期,上这一课时,恰好是春天来了,种子发芽,果树开花。

花上两分钱,我上学可以从家附近的公园穿过。那个春天我几乎每天都进去。公园里什么树都在长叶子。叶子真绿,绿得人眼睛都亮了。举起一片树叶端详,它的图案很像一棵树——发散状的叶脉就是树的枝干,每一片树叶里都伫立着一棵完整妙曼的树。雨天我也进公园去。撑着伞,伞外是弥漫的绿的氤氲,和着树木和泥土散发的湿润清香,抽象了——抽象成常驻我记忆中的那个童年的春天。从我上学读书起,四季开始分明,春天开始新鲜。

春天里,我们读书如诵经。齐声地,没有断句,没有抑扬顿挫:"第一课春天春天来了冰雪融化种子发芽果树开花春天里人们辛勤地劳动心里充满着希望第二课……"

有时候，也不这样读。语文课上经常有一项练习："有感情地朗读课文。"什么叫有感情地朗读呢？李老师示范："下、雨了，小郭——站在大树下……"语调一高一低，忽重忽轻，造成夸张的顿挫，声音也往尖和细的方向走。这是容易模仿的，我们很快都掌握了，在课堂上这样读书受到表扬，我们就越发拼力夸张，直到读成妖声怪调："下！雨——了，小、郭——"

李老师说我读得好。而我的同桌杨茂丰，是男生中读得最好的。他的声音非常尖，男生中只有他能够尖到那个地步，所以没有人能跟他比。李老师点我们两个起来分角色朗读课文。我俩的声音竞相地走高，像走在钢丝上，充满感情，又配合默契。读完了，李老师充满感情地说："他们俩读得，好哇！"

在众人艳羡的目光中，我俩甜蜜蜜地坐下了。我们是其他人追不上的搭档，备受李老师宠爱的，一对儿。

饶红燕来到我们班的那天早上，她跟着李老师，校长又跟着她，他们三个一起走到了教室门口，站在那里说话。隔着窗户，我们看见的是她的背影，她触目地顶着一头烫卷了的头发。所以校长也跟来了，在走廊上对新转学来的饶红燕的头发把关。饶红燕的声音听起来很无辜："哦，哦，可是我已经烫了。我跟我妈妈讲讲，想办法把它弄直，行不行？"校长看着她一头簇新的波浪卷儿——她明明是趁了这个转学的当口，让他没办法追究她转来之前烫的头。饶红燕克服了校长，进得教室来，在教室前方妍媚地照我们一看。

她被李老师介绍给我们："这是新转来的同学，饶红燕。"她穿了件很好看的粉红色毛衣，腰以上织出一层层的大V字花纹，延伸到肩臂。这复杂而洋气的式样我没见过，我觉得和她的名字很相配。我觉得她很好看，因为她的衣裳很艳丽。我没有一件衣裳是艳丽的。

她被引领到我的后排坐下，那是最后一排。她说："老师我看不见。"她说的是普通话。我们只有上课发言才说普通话。李老师让我跟她换了，其实她个子比我高一点。

换到我的位子上她就合适了。把文具盒、书拿出来放到桌上，书包塞进桌肚，对同桌的杨茂丰一笑。

因为饶红燕是新同学，李老师点她起来读课文。

饶红燕翻开和我们一样的课本，读道：

"滴答，滴答，

下雨啦，下雨啦。

麦苗说：

'下吧，下吧，

我要长大。'

桃树说：

'下吧，下吧，

我要开花。'

葵花子说：

'下吧，下吧，

我要发芽。'

小弟弟说：

'下吧，下吧，

我要种瓜。'

滴答，滴答，

下雨啦，下雨啦。"

她读得跟我们完全不同，因为她的腔调不是跟李老师学的。她的声音不尖细，就和我们不伪装的声线一样浑厚，很好听。这篇课文真好听。"滴答，滴答，下雨啦，下雨啦。"就这样自然轻快地读，比"滴、答，滴、答，下、雨啦！下、雨——啦！"好听多了。

李老师说："饶红燕读得很好！她读得很有表情，你们没有看见，我看见了。饶红燕，你再到讲台上来读一遍，让大家看看你的表情。"

饶红燕落落大方地上了台。我们才知道"有感情"之外，还有一种"有表情地朗读课文"。饶红燕的眼睛专注地盯着课本，头微侧，她的眉毛、嘴唇和面颊肌肉则配合着她的发音运动，分分合合，忽喜忽嗔，百变归一，她读完了表情消失，一张脸又回复为她本来的脸。李老师说："大家看，饶红燕的表情多好啊！"饶红燕就带着她很好的表情回到了她的座位上。

下课了，饶红燕转过来面朝我坐着说话。她看我的文具盒，也拿她的文具盒来给我看：里面有个小镜子。她专注地照了照。她的脸形是一个规整的椭圆。我在一本杂志上看到说：脸形以椭圆为佳。这使我暗暗羡慕，她长了这么一张标准的脸。

"从前在我们那个学校啊，大家都叫我'饶命'！"饶红燕说。她很得意于她自己的姓。

"饶命？"杨茂丰回过头来笑。他不知是反问、嘲笑，还是叫她。可能是后者，因为他对女生的敌意很少。

"哎！"饶红燕甜甜地答应了。他两个才坐到一起，就情投意合。

饶红燕来之前，我现在坐的这个位子上没人，这张双人课桌归马小多一个人坐。马小多是个老留级包，他读了三个一年级，还升不了二年级。他永远拖着两条脓鼻涕，不兴揩，隔一阵把它们吸溜回鼻孔一下子，再拖出来。他的作业本封皮掉了，他擤出一长道鼻脓来，作糨糊把它粘上，交上去给老师批改。再发下来时封皮又掉了，干的绿鼻涕凝在上面。他再如法炮制一遍，得意扬扬，把粘上的封皮啪啪地拍紧。

"伍小谷，我本来也正想安排你跟马小多一起坐，"李老师说，"你是副班长，要起到模范带头作用，你要帮助马小多。"

马小多是没法帮助的。我坐到他旁边来了，他每天动辄用重拳擂我。或者用掐——他用指甲掐住我尽量少的皮肉，三毫米嫌多，两毫米也多，最好匀到一毫米，死命掐，把我的眼泪掐出来。

我在语文课上抽泣。我不敢哭出声，只是饮泣，还是引起了李老师的注意。

"伍小谷你怎么了？"李老师的脸铁板起来，叫我不认识了，"伍小谷没用，哭死你！我们上课。"

我被这句话伤透了心。最喜欢我的李老师此刻用这么一句话把我划分出去了，她带着大伙儿丢弃了没用的我，随我哭死去。马小多有了李老师作他的同谋，他乐得咧嘴笑。他随便怎么整我都被允许了。

跟马小多坐使白天成为我的噩梦。我多么怀念跟杨茂丰同桌的好日子。

杨茂丰和饶红燕就坐在我的前面。我每天看见他们各四分之一的侧脸，他俩就这样朝彼此侧过四分之一的脸说话，上课也说下课也说。有一天他俩讲得笑眯眯，引得讲台上的李老师发话了："哎唷，看饶红燕和杨茂丰，讲得几亲热哟！"他俩才稍做收敛，给我看两个完整的后脑勺了。

杨茂丰的后脑勺很美。其他男生的后脑勺，全都是高高地凸起来，向下再陡峭地往里一收，连接光杆杆的脖子。这突凸的部分显得又刁又猴又土，我恨不得把它们一个个用巴掌拍平，才顺我的眼。杨茂丰的就不，他的后脑勺一点不凸，平平的，让人舒服。他的正面像呢——见棱见角的正方脸形，眼睛是一眯缝。他这种一线天的眼睛和他一线天的嗓音很相配。因为都少见，所以就独特，非杨茂丰不可，身上才有这种独特的味道，令我怀念。而他似乎已经把我忘了。尽管我就在他脑后。

杨茂丰把我最熟悉的笑容给了饶红燕。他给她的笑容很大，大于他曾经给予我的，他眯起眼，笑得几乎是种谄媚。饶红燕烫过的头发经过了一些天，波浪自然了，很好看，但是很妖。妖不是一个好词。我们都觉得饶红燕妖，可是杨茂丰偏偏喜欢，连他自己都有点妖了。他俩要好得下课都不舍得离开座位。

放学了，我背着书包回家，从公园里穿过。

几天不来，树叶就阔大了。它们悄悄地长，在我没看见的时候，小叶子伸张成大叶子，其间还不断生出新的嫩叶子在长大，层层叠叠，树的身影就深浓了。我走过喧闹的湖心亭，到另一座茅草亭那里去，它静静地立在低缓的山坡上。它之外仅几步便是公园的围墙。在茅草亭与围墙之间有一小片偏僻的草坡，顺着坡走下去，草很深，树很密，树下有几朵野花儿。墙根旁，一棵树的掩映之下，一张长椅恰到好处地安放在那里。我爱极了这个静幽而有情致的角落——这里人迹罕至,草木深深,微风吹起,花儿草儿都摇摇摆摆向我招手。

这个星期六下午放假半天。加上星期天,便有一天半的休息。中午放学后,该我们四个做清洁:杨茂丰、饶红燕、马小多和我。马小多提了一桶水就跑掉了。我们把一条条的长板凳搬起,倒过来扣在课桌上,往地上洒水。水凝住的灰尘成了黑珠子,凝不住的灰尘随扫帚扬了一屋子,看上去打扫比没打扫更狼藉。每一张桌子都要挪动,才扫得净桌子脚压住的小块面积,等扫完了,再把桌子一张张对齐。人心不齐,越做越做不完,学校里人都走空了。饶红燕慢腾腾扫了一个组,靠在墙边站了一会儿,拨弄她的头发。她忽然一句话不说就拎起书包走了。正在扫第二组的杨茂丰当即也要走,他扔下扫帚,快快地收拾书包。我吓坏了——地没扫完要挨批评只是一项,我更怕的是只剩下我一个人在这里。现在是正午,空旷的正午非常可怕,我领略过,恐怖极了。我急得喊:"杨茂丰,别走,等我一下!"他不理。他平日的友善全没了,他不理,不答,不看我,脸上是一种雏形的、属于男性的翻脸无情。他很快跑出教室,转眼就不见了。我跑到教室门口。我们的教室是旧平房,位于学校的一个转角旮旯里,教室里是昏暗的,教室外是明亮的,操场上是一疙瘩一疙瘩的黄泥土,白花花的太阳当顶照着,树静悄悄立着……没有一个人。一个人也没有。正午。偌大的学校里只有我自己。什么都静止着，没有一点声音。我吓得慌得几乎昏晕了过去。

我忐忑了一个半天加一个整天，连着做了两个晚上挨批评的梦，星期一到校去正式挨批评。我是副班长呀，怎么能不起模范带头作用，跟着马小多杨茂丰饶红燕一起跑了呢？叫老师怎么能不生气呢？

饶红燕没事儿人似的，下了课拉我到树下去玩。好端端地说着话，她突然把我的胳膊扭到背后，不肯放开。她得意地问我："投不投降？"这时上课铃响了，所有人都跑进教室。我说："上课了！"她不肯放，仍旧问我："投不投降？"数学老师已经等在教室门口，她拿眼睛厌恶地瞪着我。她瞪着我因为我是副班长，我不敢违抗上课铃因为我是好学生，饶红燕不理会上课铃她也不会受批评、受这样的瞪视。我只好说："投降。"她放了我，进教室后对杨茂丰说个没完："她投降了！投降了！"从此我恨她。

下雨的一个下午，饶红燕的爸妈来给她送伞。她妈妈在窗外叫她："燕子！"她便像一只燕子一样掠了出去。不管谁的家长来都不兴这么叫，都顺着学校的规矩，完整地叫学名。我妈妈有一次来，在门口问老师："小谷呢？"让我非常羞愧。可饶红燕就这样公然地答应，不顾纪律地冲了出去。而老师，并没有管，默认了她这个"燕子"。

饶红燕的爸妈都是文工团的。我们几个撑着小伞走在她爸妈的后面,有人说:"饶红燕,你妈妈真年轻。"她说:"我妈妈可漂亮了。"她爸妈一人撑一把伞,边走边侧过四分之一的脸交谈,像电影里高雅的男女。路面湿漉漉的,映出我们的倒影,我穿着别人穿过送我的旧雨鞋,踩着水中的影子。

我对妈妈说:"饶红燕很讨厌,可是她长得好看。"饶红燕有一张敬队礼的照片,放大了挂在文化宫的橱窗里,照片加了标题《小学生》,全城的人从那儿经过,都看她。她胳膊上戴着两道杠。这是个破绽,因为她连一道杠都不是。这张照片肯定不是学校送过去的,学校要送不会送她,她在学校里只有唱歌跳舞才有出头的份。可能是她爸妈给她拍了送过去的,文工团和文化宫不是挨着吗?她爸妈是演戏的,饶红燕敬这个队礼也是演戏。真的,她敬这个礼敬得太有姿态了,像是在做一个舞蹈动作。

风和日丽的下午,我穿了件新衣服上学去。新衣服是妈妈给我做的。碰上了减价的花布,她给我扯了三块,做了三件春装。说是春装,又打算到冬天的时候可以罩棉衣,所以做得极大,我穿上,它的下摆快到我的膝盖了,袖子也得卷几层。我穿着拖拖拉拉的长褂子,走在路上很怕被人看,尽量把书包拉到前面挡住。

"伍小谷——!"饶红燕的声音从后面来了,"你这是件什么衣服呀?"

饶红燕今天打扮得特别妖娆。她在头上绑了根艳丽的紫红绸条，勒在她的刘海之上，她神采飞扬。我的衣服，我自己穿在身上都羞缩，特别经不起她的看。

"我今天，特别高兴，"饶红燕的注意力从我的衣服上离开了，她语气里带有一种故作的神秘，"因为我快要见到我的朋友了。"

"谁是你的朋友？"

"杨茂丰呀。"她俏皮地对我眨了下眼，"我昨天放学以后到他家去玩了。"

我的心被石头撞了一下。这一下，我好像事先有预感，在我问谁是她的朋友的时候，我就在等着了，我把我的胸口横在那里，等她像投掷一个皮球一样把答案投过来，准确地命中目标。我也去过一次杨茂丰的家。把记忆中的我换成饶红燕，我就能看见他和她在一起的影像了：他在前，她在后，他俩走进位于三岔路口的一栋旧的红砖楼里。走进去一截再一拐弯，光线完全没有了，漆黑一团，刚才外面街上的车声人声，顿时就被遗忘在了这漆黑的空间之外。饶红燕说，我看不见。杨茂丰伸出手来拉她，说，这里，上楼梯。一步一级，他俩手拉手摸索着走上一共十一级的木楼梯。在这一截黑暗里，有一种柔情蜜意适时而生，他们好像已经成年，不约而同想到了电影里男女相偎的镜头，两人都进入角色了。楼梯顶端是个狭窄的阁楼。等杨茂丰摸钥匙打开门，一道光线出现在门缝里，随着门的推开，它扩大成一个长方形，并向外射出一个三角形，他们刚刚顺着走上来、给了他们美妙体验的那一段木楼梯就能看清楚了，如同水落石出。屋里也是木板地，他们脱掉鞋，打赤脚踩进去，满屋子走得咚咚响。这其实是杨茂丰的奶奶家。他和他奶奶住，他爸爸不管他，他妈妈也不管他。饶红燕在杨茂丰家一直玩到天黑。

李老师说，有别的学校的老师要来我们班听课。全校那么多班，就选中我们班来听语文课，所以必须上得有声有色，把最好的效果展示出来。她准备上这一篇课文：

> 春姑娘轻轻地飞来了。她飞过高山，来到江河，飞过森林，来到田野，把春风春雨送到人间。大地披上了绿色的新装。花草树木快乐地挥着小手。一群群小鸟跟着春姑娘，向四面八方报信：春姑娘来啦！春姑娘来啦！

李老师请美术老师做了几张幻灯片。她在班上试讲了几次，点不同的人起来读课文，要选一个人作幻灯片的画外音。杨茂丰的嗓音，平时在班上读课文是出挑，但要在外校的老师面前专门挑他出来读，却像是出格了，所以不能选他。李老师在我和饶红燕之间犹豫。她说，我的声音好一些，饶红燕的表情好一些。她想了两天，想出一个两全之策。

外校的老师在教室后面坐了一排。校长也在，他坐在最边上的位置。窗户上方专门为这次公开课安装的幕帷拉合上了，教室里黑下来，只剩下投影机向前投出的一束光。教室前方出现一个亮的方块。

高山柔曼，江河活泼，森林茂密，田野葱绿——幻灯片美极了，这是美术老师的功劳，他是个不现身的幕后英雄。我也是一个幕下人物。我没有站起来，就隐身在黑暗中念道："春姑娘轻轻地飞来了……"

饶红燕就是春姑娘。她身穿纱裙，额上戴了一个花环，跳着舞着上了场，进入了光影中。柔曼的高山，活泼的江河，茂密的森林，葱绿的田野，都成了她舞蹈的背景。她飞过高山，来到江河，飞过森林，来到田野。春风春雨随她的召唤来了——春风春雨看不见，但是你可以意会，它们就在她呼风唤雨的手势中。花草树木是看得见的，他们跳跳舞舞上了场——女孩是花，男孩是树，手牵手组成一个统一的概念。灯在这个时候亮了，台上花团锦簇一片，姹紫嫣红总是春。杨茂丰则是那群小鸟中领头的一只——勒在他额上的纸冠是一个鸟的形象——他跟在饶红燕身后，尖细的嗓音恰如鸟鸣：春姑娘来啦！春姑娘来啦！

我们的短剧大获成功。据说外校的老师赞不绝口，陪着他们来旁听的校长因此风光无限。他乐呵呵地对李老师说："你们的春姑娘，不错啊！"他本来就认识饶红燕，她刚转学来时他还跟来过问她的烫发,现在,她的烫发他觉得非常合适和应当了——春姑娘当然该有一头浪漫的卷发。经校长赞许,饶红燕这个人由出格变为出挑。她已摇身变成了春姑娘。

下课时间的乱糟糟里,饶红燕说着话,突然将脸色一变,做出大惊失色状:"啊——要出事了!这风不对头……"她把食指抵在嘴唇边,仿佛在思索天地玄机。她以为自己随时身在云端,能够观测天像了。杨茂丰笑眯眯地听着,他也还是云端的一只鸟,追随着春姑娘,她说东往东,她说西往西。饶红燕一本正经地教他:"告诉你一个窍门。地震的时候啊,你躲在厕所里。因为厕所里的砖结实些。"我知道她在兴妖作怪,可是杨茂丰爱听,听风就是雨的。他两个就如此这般地说着体己话儿,一说一整天。

这天马小多对我说:"你们女的,长大了都要生儿。"我简直不相信他会说出这么猥亵的话。他还得意扬扬地两手交抱在胸前,作扭捏的育儿状。饶红燕从前排侧过头来看着他,嘴微张,迸出一句话:"那要等结婚。"——结婚!饶红燕就这样说出了这两个字,这对于一年级小学生来说是禁区的两个字。有胆子大的女孩在学校以外说到它,都只空自做出这两个字的唇形而不发出音来,伴随着一点羞臊的笑,等对方意会。而饶红燕在班里自己的座位上坐着就说出了这两个字,她这样坦然地跟马小多讨论结婚、生儿。

放学了,他们呼啦啦地收拾书包——杨茂丰、饶红燕,还有他们天天在一处排演短剧的花草小鸟们,呼朋引伴往外跑。我不在他们的圈子里,也不知他们要去做什么。我落在他们后头,一个人毫无计划,进了公园。已是暮春,花都谢完了,树的枝叶比初春时浓厚了几倍。快走到湖心亭时,我忽然听见了我再熟悉不过的尖嗓音。杨茂丰在那里,他们都在那里。湖心亭是个六边形,有雕花的红栏杆,栏杆之外湖水荡漾,亭子和亭子里的人就都漾在水上。演配角的花草小鸟们在帮衬着,杨茂丰和饶红燕是主角,在湖心亭里"结婚"。他们叽叽喳喳筹划了几天,原来是为了这个盛典。

"新娘子"饶红燕在盛典上表演了她的绝活:下腰。她一个人立在亭子中央,杨茂丰和其他人都退后围成一圈儿。她活动了一下腰肢,左扭扭,右摆摆,然后吸一口气,双臂上伸,头向后仰。她的双臂像两道弧线一样往后面去了,再向下,向下,撑到了地。她的腰弯成了一张弓,她的人形成了一个带方棱的圆环,圆的是她的腰、腹、胸,方的是她的膝盖、肘弯,她的手努力接近她的脚,两者挨在了一起,圆环接口了。她的上衣因她如此的动作而缩了上去,露出了她的肚皮、肚脐,和肋骨一条一冬。她试图在这种状态下行走,双手双脚同时同向挪位,她这个圆环就横向地平移。她这个样子非常妖异,几年后我看《西游记》里蜘蛛精现出妖身的一节,就联想到饶红燕下腰的情景。

星期天的清早，我又去了公园。天很凉，是个阴天，我去时还不到七点钟。我要去我最喜欢的那个角落。顺着草坡往里走，快到尽头，我的脚步停下了——那张长椅上有人。是一男一女，并排低头坐着。他们身后是红墙根儿，长椅前面正中是那棵树，树的枝叶耷拉下来，他们的脸若隐若现。我退却了回去。那确实是个好地方，我发掘了，别人也发掘了。他们藏在里面，外面一点都看不见他们在做什么。我快要走出这片树林的时候，忽然想起坐在那儿的那个男的好像是杨茂丰的爸爸。

　　就在这个春天，这个杨茂丰和饶红燕手牵手在公园里"结婚"的春天，杨茂丰的爸爸妈妈开始闹离婚。离婚在八年之后才终于成功，而现在的杨茂丰还什么都不懂。他绘声绘色地对饶红燕讲述他家阁楼里发生的离奇的事：

　　"我妈说，我爸爸是死了的。他已经那么久没有回家了。昨天半夜里，我睡在里间的床上，听见我爸爸进来了。房门没有开，他是从门缝里钻进来的。外面那间房的灯亮得很不正常，刺得我睁不开眼睛。我爸爸一句话不说，到处翻东西。他的脸发绿。我晓得他是一个鬼，我奶奶也吓得在哭呢……"

　　　　　　　　　　　　　　2006年4月30日—5月20日

三角

热。一堆人围住伍师傅领零件,把他忙得团团转。他看一张领料单,就回身打开柜门找一次,柜里高高低低许多小格子,他倒娴熟,一拿就着。从拿出的盒子中取一件出来交付,让人签字,再回转身把盒子放回柜子里去,再接下一张单子。等这一堆人都走了,伍师傅得空下楼去一趟。一直偎在他台子跟前看的小谷跟了他去:"拔芭——"

"小谷又要跟她的'拔芭'。"修表车间里有人说。

"她是她爸爸的尾巴。"

小谷跟在她爸爸屁股后头下到一楼。伍师傅让她在卖表的柜台边站一会,他自己走进钟表店外着了火一般的空气里。几分钟后他回来,手里拿了一块冬瓜,边走边吃。小谷跟在他身畔,一起上楼回车间。

车间里瞬间爆发出巨大的笑浪——工人们手头上在修表,眼睛都没看在表上,在伍师傅进门的同时就看清了他手上拿的是一块冬瓜在吃。全车间的人停下手中的活儿,尽情大笑不止。小谷不知所措了。伍师傅拿电工刀切下一块冬瓜给小谷，小谷被疯狂的笑声和睽睽众目吓住，不敢接。

"冬瓜比西瓜好吃！"伍师傅坚持己见，堂堂然又咬一块进嘴。

车间里的几个姑娘笑得伏在台子上了。

"小谷！"坐在门边的伍姑妈对小谷招手，"过来过来。"

小谷走到她那里去。伍姑妈因为也姓伍，所以让小谷叫她姑妈。她忍着笑说："不能生吃冬瓜，没听说过——"把小谷拉到她怀里，远看伍师傅吃冬瓜。

"冬瓜好！"伍师傅把切下来的那块冬瓜递给坐他前面的万厚大，"厚大你尝尝。"

肥胖的万厚大不介意地接过去，和伍师傅一起顶着众人的狂笑吃冬瓜。

"唔，好吃，好吃。"厚大说，边品边点头。

伍师傅又切一块分给他。

车间里笑得没了名堂。楼下卖表的人也被惊动了上来看是什么事。于是笑传导到了楼下："伍师傅说，'东'瓜比西瓜好吃！"没法干活了，众人索性加倍地闹，有锤子的敲锤子，有棒子的敲棒子，乱作一团，正好主任不在。

热。一个坡竖在小谷面前。小谷住的地方是个山洼洼，出门无论去哪里，都得先爬坡。小谷的肚子已经三十八周了——预产期是四十周。小谷担着庞大的肚子往坡上拿步，六月初白花花的太阳就在坡顶晃人眼睛，一个太阳一个坡，小谷走不动。她妈妈从后面上来牵过她的手，她一步一挪才上去了。

小谷要去办公室数试卷，填几个表。学生要期末考试了。小谷挺着大肚子上课上到五一，系主任看不过了，找了个研究生来接手她的班，小谷本来已经在家休息待产。但是期末事情多，有些烦琐的事代课的研究生搞不清楚，还得小谷自己来。小谷到了办公室，这里那里，人都问她几时生。小谷说就这几天了。生过孩子的女同事们七嘴八舌，有的说生了就好了，卸担子了，有的说现在还好些，生出来闹死人，恨不得再把他踢回肚子里去。有人问小谷打算怎么生，又提供答案说，还是自己生好，痛是痛，生了就好了，剖的话，恢复起来慢，又留道疤。不过自己生有一桩最难受，就是底下撕开了缝的那几针，那真叫疼啊，生孩子的疼可以忍，那个疼简直不可以忍。

小谷数了八十份卷子，填了四张表格，与至少五位女同事交流了孕产心得，同她妈妈慢慢往外走。经过人事办公室，面朝外坐着的主任一眼看见小谷，便叫："伍小谷，我正要找你。你的副教授聘任合同在这里，哪，你看清楚，然后把它填了。黑笔在这里。"

小谷调整身体重心，在沙发边上坐下看合同。她是去年底评上的副教授,学校正式下文是在三个月前。小谷看了一遍合同内容,把任务记在心里:每周任课十二学时;每三年至少发表论文两篇;主编教材一部,或主持项目一项。担心自己完不成,但也无退路,只能签了再说。一切等小孩生了再说。

小谷蹒蹒跚跚跟她妈妈走在路上。校园里景致很好,满目明绿。路边坐着的一个老奶奶看着小谷说:"哎呀姑娘,你不要再出来了。你这肚子完全下来了。要是在外面发作了你没办法。你不能再出来了。"

小谷笑说:"是,是,不出来了。再出来就是去医院了。"

老奶奶看着她的肚子说:"你这是个男孩哩。"

小谷妈说:"肯定是,都说是男孩。"

小谷说:"我觉得是女孩。"

等小谷走过去了,老奶奶又在后面问:"你今年多大了,姑娘?"

小谷回头答:"我三十三了。"

伍师傅四十岁了,小谷才三岁多。伍师傅是从印度尼西亚回国的华侨,还是名牌大学数学系出来的大学生,他自愿分配到这个小城的钟表店来,已经干了十多年。当年有一个复员军人和他一起来钟表店报到,一听说每月工资二十五元,马上掉头走了。伍师傅没走,他在心里计算了一下。

"我还没成家,一个人够吃饭,日子能过得去就行了。"他毫无意见地填了表,就按二十五元的学徒标准,从学徒干起。

伍师傅无师自通,从小就会修表。到了钟表店,别人修不了的表他都能修。不过,他又不愿意修表了,他看到有一个保管材料的工作,他想干那个。"我管材料,有人来领零件,我就给他们拿,没人来领,我就可以看书了。"他想道。他每天带着书去上班。他坐在工作台前,面前摊本书,可是每分钟都有人来找他领东西:"伍师傅,领个发条","伍师傅,领个表甩",他不断站起身爬高探低给他们拿。早知如此,还不如修表也罢,以他的超人技术,一天八个表的工作量保证他有时间看书。

伍师傅什么书都看。既看《儒林外史》《封神榜》《汉魏六朝小说选》,也看《线性代数》《复变函数》《高等数学讲义》。伍师傅跟数学打过四年深切的交道。转行弄钟表之后,他还爱在纸上推导、演算,一写几大张。出于好玩,他给自己出了这样一道题:

"5点到6点之间,时钟的两针何时重合?何时成一直线?"

它可用一元一次方程式求解:

设分针从5点至两针重合时所行的分钟数为X,而时针的速度为分针速度的1/12,又在5点时时针在分针

前25分，则有

$$X = X/12 + 25$$

得：$X = 300/11$ 即 27 又 3/11

答：时针和分针重合在 5 点 27 又 3/11 分。

再设从 5 点至两针成一直线时所行的分钟数为 Y，与上同理，时针的速度为分针速度的 1/12，5 点时时针在分针前 25 分，成直线时分针在时针前 30 分，则有

$$Y - 30 = Y/12 + 25$$

得：$Y = 60$

答：时针和分针成一直线时在 5 点 60 分，即 6 点整。

钟表店里没人看得懂伍师傅的演算。他们说："这还用算？"——随手拿过一只钟来，捏着钟背后的纽子把时间调到 5 点整，再把纽子旋一圈，旋出这道题的答案。他们嘴角带上了点笑，这笑是他们彼此看得懂，而伍师傅看不懂的。

小谷偎在他身侧，看爸爸在铺开的白纸上演算。伍师傅于是信笔在纸上写下：

$$1$$
$$1 \quad 1$$
$$1 \quad 2 \quad 1$$

告诉小谷：每一行的两头数字，都是 1。中间则是上一行相邻两个数字的相加。他让小谷把这游戏接续下去。

就出来了这样一个宝塔——

$$
\begin{array}{c}
1 \\
1 \quad 1 \\
1 \quad 2 \quad 1 \\
1 \quad 3 \quad 3 \quad 1 \\
1 \quad 4 \quad 6 \quad 4 \quad 1 \\
1 \quad 5 \quad 10 \quad 10 \quad 5 \quad 1 \\
1 \quad 6 \quad 15 \quad 20 \quad 15 \quad 6 \quad 1 \\
1 \quad 7 \quad 21 \quad 35 \quad 35 \quad 21 \quad 7 \quad 1 \\
\cdots\cdots
\end{array}
$$

这宝塔是什么？伍师傅没告诉小谷。他知道若干年后，小谷将在初中代数里与这个三角形重逢。

小谷姓伍，她爱人姓路，合称小伍小路，是天生的一对伴儿。他们住的青年教师公寓楼里，小孩子层出不穷，和他们同时搬进来的邻居们孩子都长到几岁了，他两个还不见动静。小路是想要小孩的，小谷不太想要，小路顺着她一直拖，好在他比她小两岁，到他满三十，终于不能再拖了。前几年听邻居们说这个在"计划"，那个在"行动"，小谷两个夜里躺着说话就笑，说俏皮话："这栋楼里的人都在紧锣密鼓地造小孩。"轮到他们自己了才知道，造小孩原来不容易，他俩行动了三个月，月月落空。小谷说："我该不是有什么毛病吧？"一边才恍然大悟为什么有人老是说要小孩又老是迁延，扯这个月喝了酒下个月要出差之类的淡话。到第四个月，小谷松弛下来，有一天还到操场上跑了十个圈子。结果这回却是有些像了。

小谷心思满腹地回家，见小路在阳台上培土、弄花。这几天小谷心情不佳，小路知她喜欢植物，特地到他们房前土坡上挖了些土来，给家里那棵小枫树换大盆。小谷蹲在他旁边看他劳动，小树给移栽得周周正正，泥土也填压得停匀稳妥。小谷把手托腮不吭声，半晌才问：

"小路，我会不会有宝宝了？"

小路听错了。他说："那肯定会有的呀。"最近小谷常胡说，说自己不会生，把他也往那个思路上引。过了一会儿，他会过意来了。

"真的？"

他脸色变得十分严重，放下了小铲。

过几天小路陪小谷去医院检查。小谷觉得已经没什么悬念了。她拿着那张纸走出来，小路带着郑重其事的眼神迎上去，小谷递给他，没有说话。然后他们绕道往湖边走走，沿湖走回家。

是秋天了，湖畔的梧桐正由青绿转为明黄，斑斑驳驳，煞是好看。小路随身带了数码相机，就以湖边的树为背景，给小谷拍了几张。小谷以为自己会有不少感想涌出来，没怀孕之前有过的，此时反而没有，心境相当地宁静，一无杂念。她想从现在起湖边的这些树就开始给他们计时了。等这些叶子再黄下去，变成纯粹的金黄、褐赭，再逐渐枯干、落尽，再慢慢长出新叶来，树再一次达到枝繁叶茂——这一轮循环完成，宝宝就出来了。

  伍师傅三十二岁还没找着老婆。他因为不做饭而在床底下囤积了不少空罐头盒，给他解闷的许多藏书也逐渐给人借走散失。他百无聊赖了。这怪他自己当初算错，只算出二十五元工资够他一个人吃饭，没算出只拿够一个人吃饭的工资，老婆会从哪里来。人家给他介绍过几个的，谈一个吹一个。说他是个大学生，那怎么是在修表呢？每个月只拿那几个钱，人又古怪。几个姑娘的说辞完全一样，不满意伍师傅的条件。三个月过去，伍师傅的条件毫无提高，却突然有老婆了。伍师傅在单位开了介绍信，几千里回他的家乡广东去结婚，结了婚又一个人回来了。同事们要看新娘子，得等到三年后。

  三年后，新娘子一个人挑着担子搭火车搭船从广东过来了。是个什么样的女人肯跟伍师傅哟？他到武汉去接到了她，一路甩着两手走在前面，走进钟表店，她挑着担子，跟在后面，这个镜头一直到四十多年后还深刻地留在伍姑妈的记忆中——她很年轻，比伍师傅小十岁，皮肤雪白，一双大眼睛水汪汪的,梳两根长辫子。又客气,又勤快,心眼儿实,脾气好……伍师傅倒是会找咧!亏他怎么把她找着的,憨人有憨福,这句话真是没有错。她跟伍师傅是同乡,他们都是广东一个叫河婆的客家小镇子上的人。三年前,她还在家乡种田,一对回乡探亲的熟人夫妇给她做媒,极力向她的爹娘推销伍师傅。"这个人啊,很老实,很老实,还是大学生!你姑娘嫁给他没有错的!"伍师傅回了趟河婆镇相亲。乡亲看他的确是"很老实,很老实",于是放心了。他再去河婆镇是三个月后,就是去结婚了。他带给他的岳父母二十元钱,结了婚一个人走了。结婚后他再没去过广东,也一辈子没给他岳父母写过一封信。他可真划得来——他丈人丈母一个百好千好的姑娘,白送给他了。

小谷长到二十多岁,恨得咬牙切齿地质问她妈:"你怎么会嫁给了他这么一个人的呢?你嫁给谁不好!"

"就是!而且他们还只认识三个月就结婚了!"小谷的妹妹也附和。

小谷的妈只是笑,哈哈,哈哈。

"你们乱说什么呀,你妈不跟你爸爸结婚,那哪有你们呢?"小路说。

"我愿意没有我!让我妈过得好一点!"小谷叫嚷。

但小谷知道,其实她的爹妈是同一类人。就是那一类不知道自己的好,不懂得充分利用自己的好去换取较好景况的人。这样的人一生不会讨价还价,也不会投机取巧。他们怯懦,不会向外争取,只知道向内苛求自己。所以他们两个相隔千里、相隔十岁都会碰头,再生个也是这样性子的小谷出来。

小谷出生时,伍师傅三十七了。只愁生,不愁长,一晃眼间钟表店的同事们就看见伍师傅身后整天跟着个小尾巴,这里那里"拔芭"长,"拔芭"短。小城的方言把"爸爸"读作"拔拔",两个字都是第二声。小谷不知为何叫她爸爸作"拔芭",第二个字的声气扬上去。同事们就学着她的声气逗她:"小谷,你的'拔芭'呢?"跟他们说话时,小谷就自动改口了:"我'拔拔'……""拔芭"是她专门用来叫爸爸的,上扬的"芭"里有种无可替代的亲昵。

伍师傅年轻时的脾气虽然古怪,但没有到老时那样坏。小谷觉得她爹的坏脾气后来发展到那个地步,跟她妈几十年一贯的好脾气密不可分,她非但不压制他,反倒助长他。小谷现在也被小路宠着,不过小路有办法适时教育她,把她从她爹那儿承继来的脾性加以疏导、纠正。小谷生气时他哄她,等她气过了他再半真半假地开个玩笑:"你以后到了更年期,肯定很可怕。"小谷想到她爹老年时那种不可理喻的偏执、暴躁、孤独、愤世,就叹口气。她爹的基因在她身上,她懂得他的可怜和苦痛,也晓得他是没有办法。

小路以为小谷怀孕后情绪不知会怎样坏，他做了充足的准备来忍受，结果出乎他预料，小谷怀孕后心情好得很，每一天都自得其乐，不急、不烦、不怒、不躁，还没有妊娠反应。头三个月，个个女人说吃不下东西，吃什么吐什么，吐得呕心沥胆，小谷反倒吃嘛嘛香。看到的，听到的，想到的，什么东西都能引起她的食欲。一天夜里她梦见自己仿佛是在幼年，和爸爸妈妈在一起赶路，在街上排队买一种饼——用很少的油烙的，里头有碧绿的葱片儿——早晨醒来她就专程到菜场去买面粉，买葱，依样烙了梦里的饼给小路吃。小路大叫好吃。怀宝宝了，小谷跟小路过得美滋滋的。

不到两个月小谷就觉得肚子有点显形了。别人看不出，她自己知道。她没别的不舒服，就是总觉得嘴里寡淡难受，需要有滋味的食物来填充覆盖，在食物入口的刹那，她就得到了拯救。任何食物，都鲜香甘美，滋味是平时的数倍，这好像是对"寡"的弥补，而一旦吃完，简直是才下咽喉，那股子"寡"又来了，嘴里淡啊，淡出鸟来！"寡"还推广到了食物之外的其他东西，比如颜色。小谷的衣服，多的是米白、浅灰，她一向看这两个颜色顺眼。现在打开衣柜门，看见大面积的米白浅灰，小谷只觉得寡。找点有反差效果的艳色呢，红的蓝的，穿不上半天又腻得想吐。怀孕了，多少会有些不同的感觉，对事物的腻烦会上升到生理的反感，通感建立起来了。

小谷的妈从前在奶牛场打过工,这是小谷听伍姑妈说的。小谷浪漫地问她妈:"是不是挤牛奶呀?"她妈笑道:"哪里,那是正式工干的,我们扫牛粪,运砖头修牛栏。"干了两个月,场里说没有户口的不要了,她又失了业。奶牛场每天需要很多草喂牛。小谷妈怀着小谷,每天出去割草卖给场里,割一百斤挣一元二角。草很脏,她手上腿上皮肤过敏溃烂,打了很多针才好。小谷现在听着都紧张了:"哈,你就不怕把我打掉啦?"她不在乎地一挥手:"哪有的事,你好得很!"快生小谷了,她还在家给人打毛衣,打一件挣四块五毛钱,开头七天打一件,后来三天打一件,手指头打出了小坑。有一次她不在,有人来取毛衣,伍师傅这迂人不知道收钱,那人拿了就走了。

小谷每天早晨起来,就往山上去走走。小谷觉得自己怀孕没事,可以上山如履平地,不过小路和医生都严重警告头三个月要特别当心,所以她只在半山腰上走一圈。小谷所在的大学是山,景色如画,山间遗留着好些老别墅,是上世纪三四十年代一些名教授名作家的旧居。秋天的早晨,太阳初升,小谷走在山间,看林木掩映中的老别墅随她的脚步改变角度,每一瞬间的角度都独特而各具佳妙。晨光透过林子,树叶晶莹碧绿，摇摇摆摆的十分生动。

小谷这学期减少了一个班，每周八节课，只两个上午。剩下的时间，干点什么好？在阳台上闲坐着便是一天，小谷不愿意这样过。小谷喜欢写东西。这些年她在报纸杂志上发表的文章有几百篇了。收发室里总有小谷的邮件，外语学院几百号人，没几个不知道伍小谷的，他们说伍小谷的信比院长还多。在大学里工作，写文章本是分内事，发文章、出专著、评职称，是立身之道。但小谷写的不是这一类。小谷写的东西对她的生活并无实际用途，她写的是散文、小说。

现在小谷不能随意用电脑了。小路给她买了防辐射背心，还是限制她在电脑前久坐。小谷不写，活不下去，就找出笔来在纸上写。正襟危坐，一笔一画。小谷写东西非得用正楷，她觉得一旦写草书文字就浮躁，她捉摸着的那股气不能按节律吐纳。这样就写得很慢，一上午只写几百个字。这是胎教，小谷对阻止她多写的小路说，胎教不是音像制品，胎教是，女人怀孕期间的一切所思所想所感所做。

快入冬了，一年一度评职称的时间到了。小谷任讲师已经六年，她打算今年试着申报副教授。年限，到了；学位，有了；文章，够了；职称考试，通过了。不过申报没什么指望，她前面还有一大排讲师呢，有的都过了四十了。但职称外语考过了，不用是要过期的，今年就试一把呗，明年生孩子，哪儿还顾得上这件事。报了上不了就跟其他所有人一样，年年报不上年年报，大家都是这么过来的。小谷交了二百元评审费，带着所需的材料到干事那里去申报。去了才听说，今年的副教授只有一个名额，所以很多人都不报了，但尽管如此，报的人还是有八个。八选一，小谷的二百元肯定是要打水漂了。

从印度尼西亚回中国，坐海船需要半个月。这张旧照片就是当时在船上拍的，船拍得大而具体，海浪也依稀可见，人则很小，一个穿白衬衣的小小侧影，站在甲板上望着海出神。这是十八岁的爸爸，在1953年，定格在照片上给小谷看。他离开了他从小生长的那个热带国家，离开母亲、姊妹、兄弟，离开遍地都是因而极端便宜的热带水果，离开在他后来的描述中像光怪陆离的梦境的奇人异事，去往他从来没见过的祖国。横在他面前的，是一望无际的茫茫大海，和不可知的未来。

他是什么都赶上了——赶上了在国内读中学、考大学，也赶上了国家三年困难时期，赶上了印尼排华。他在这边，吃不饱肚子，家那边，钱也不能再汇往中国，他断绝了生活来源。国内举目无亲，他只好课余找事情做，给人修钟表。他在街上卖糖精，给学校知道，找他去谈话。你哪来的糖精？我从印尼带回来的。那是不是走私啊——你为什么要卖糖精？我没钱吃饭不卖怎么办？！学校对他的话持怀疑态度，其他有困难的同学补助都发放了，独独没他的份儿。学校说："你有钱。"他犟性上来了，之后的几十年，无论多苦多难，他都坚决不要任何补助。在大学里，课上不成，天天挖土搞劳动，顿顿吃臭胡萝卜。到第四年上，他身体垮了，神经衰弱，看别的书可以，唯独看不了数学书，一看就会睡着。数学在他的瞌睡中暗暗流逝，连同他最黄金的年华。非要等到他把它抛弃，它才能部分地回来——不把它当正事，数学就是他能看得的书。数学成不了他的本行，只能成为他在钟表店里当保管员的三十多年的伴陪。

他只得提前一年肄业。学校在给他分配工作时说了，全国各地都由他选，各个行业他都可以做。比如，他可以留在本校，在行政大楼里工作。这是很好的。毕竟他在大学读了四年，并且他是归国华侨。结果他的选择让所有人吃惊坏了：他决定要去底下的一个小城，去修理钟表！他的脑子里是怎么一个回路，估计跟常人看不懂的钟表内核差不多，他自己是懂的，让他去吧。人们在他的分配登记表上盖章时，心情不知是怜悯、嫌弃，还是幸灾乐祸。一个大红公章盖上去，生效了，他的一生就此定型。

小谷的妈说："他喜欢修表么。他从小就会修表。"小谷想她爸爸当年不肯留在学校里，可能因为一道自尊梗在中间。大学里的四年是他背运的一生中最灿烂的四年，可是其中混杂了些屈辱，使他不计代价掉头而去。做事不留余地，总往绝路上走,小谷自己也是这样的。假如当年他肯留下来,小谷就会从小就在她现在所在的大学校园里长大,而不必在她高考之后,她父亲不顾她的分数远高于这所大学的分数线而非要她填报到这里来。

八个人,以姓氏笔画为序,伍小谷就是第一个,以姓氏拼音为序,伍小谷就是第八个。干事说以拼音为序,电脑制表就是按拼音来的。

"每个人八分钟,先述职,再答辩。"干事说。

小谷差不多有一个小时要等,找了张靠边的椅子坐下。申报副教授的八个人,聚在这间大办公室里闲聊,等着述职。小谷头天想考虑考虑怎么讲,心思老不集中,今天中午炒菜,一边翻锅铲一边想了一会儿,菜起锅,思路也中止了。述职不知该怎么述,无非是介绍自己的教学科研情况,有一说一就是了。至于自己的写作,小谷打算在最后提一下,如果听众有兴趣,就多讲两句。

小谷看他们——多数是"她"们,因为只有一位男老师——谈笑风生着,轮到她们了即收态敛容,脱去外面的大衣,以大衣内部的另一身齐整的套装走出这间办公室,走进对面的办公室,临走前从大衣口袋里抽出一张折好的纸片拿在手里。她们发言的声音透过关上的门隐约传出,从抑扬顿挫的声调判断,她们是在对着那张纸诵读。小谷暗怪自己,连述职都不好生准备，还指望有戏呀？申报的八个人中，小谷的条件只算中等。申报副教授的条件之一是须发表三篇论文，小谷有六篇，有几个人分别有九篇、十篇、十九篇。小谷觉得肯定是十九篇的那位老师上。论年龄，小谷又是最年轻的，想来也不可能这么早上。

他们都不知道小谷怀孕了。小谷自己知道，感觉着肚子上的肉在堆叠，旧有的裤子穿不上了，又还不至于要穿孕妇裤，只好在菜场的地摊上买了两条裤腰是橡皮筋的廉价裤子混着。这种裤子都是卖给婆婆们穿的，裤型像萝卜，穿上就成了萝卜腿。天冷了，从衣柜里找出件本来要淘汰的棉衣来穿，穿上就看不出怀孕。此时此地给几位打扮得体的女同事一比，小谷自惭形秽，觉得自己的形象真是糟透了。

该到她了。小谷推门进去，看见台下坐着全外语学院的教授，英、法、日、德、俄，齐聚一堂。刚才在那边办公室里听干事说，今年的职称评定实行改革后的新办法，借鉴国外教授会投票的方式决定第一轮。全院的教授组成教授会，申报人在教授会上先述职，再答辩，得票超过半数者方可进入下一轮。小谷看到教授们接连听过前面七位老师朗读讲稿，坐姿已经比较涣散。他们听累了，小谷更加决定发言简短。限时八分钟，小谷介绍自己的情况只用了两分钟。

"另外，我不知道这算不算，"小谷看着下面教授们的表情决定是否继续往下说，"我喜欢写作，出版过四部散文集，一部长篇小说……"下面注视着她的教授闻言三两聚头,开始议论,气氛变得热烈。认识伍小谷的在介绍伍小谷,不认识伍小谷的在打听伍小谷。他们都在对她笑。

述职毕,剩下的时间该教授们提问了。

首先向小谷发问的是院长:"你说你喜欢写作,为什么投入这么多的时间和精力去从事散文和小说的写作?你为什么不多进行贴近你的专业和教学的写作?你如何处理这二者的关系?"

小谷答:"我把写作看作是一个自我教育的过程。我所从事的大学英语教学并非是一项纯技术性的工作,它需要一个更宽广的底座,以及更稳妥的重心。这十年来我坚持读书、写作,是希望提高自己的见解,提高我的理解力、思考力和表达能力,建立一个属于我自己的体系,因为胸怀中有这个体系的存在而使我气度饱满。它的作用会辐射到我的教学工作上——我不敢说我教课教得好,但是我讲课没有学生打瞌睡,是我看得见的。"说到此,小谷笑了。她诧异自己一向讷于言辞,今天不打草稿竟会说出这样一篇漂亮话来。"至于说贴近专业的写作,我也写了一些……"

此时她的话被一声叫喊打断了。

——是法语系的一位教授。他四十出头,曾经在新千年晚会上表演忠字舞,几乎把所有人笑疯。他听院长和伍小谷的问答到此,猛地纵身脱离好端端坐着的椅子跳将起来,叫嚷:"你就写这个就行了!"

"你就写这个就行了!"他向在场的所有教授挥舞手臂,"像我们写的那些文章,有几个人看哪?"

教授会全场哗然。是的,到底是谁定下的荒唐办法,全国的科研机构上行下效,非要把科研工作量化成文章的数目。你想潜下心来对一个领域做深入的研究,那不成,你每年都有发表文章的任务,你必须达到指标。你只好把真正用心在做的工作先搁下,大而化之地写出几篇东西来应付。写出来了,发表又谈何容易,全国被认可的学术刊物只有那么几家,而全国有多少需要提职称的教师、需要毕业的硕士生、博士生,他们都要发文章,你算算看,可供发表的版面够不够这么多的人来分,达到发表水平的文章排队要排到什么时候。于是一些不知哪里的单位纷纷创办学术刊物,收取版面费,刊发同仁们自产自销的文章。浮躁啊,用浮躁来抨击当下的学术风气多么无力,它阻挡不了全国上下的科研人员为生存而大量制造的科研泡沫。别以为提了教授头就不痛了,职称越高,发表的任务越重,完不成,岗位津贴就要降档。

八分钟里小谷回答了三位教授的提问。前面开了好头,后面一溜顺。她看见下面教授们全都向她绽开着笑脸,那些笑脸像葵花,始终迎向她。时间到,答辩结束,小谷走出去。教授们很快投票完毕,三三两两也来到外面,跟小谷交谈。述职之前小谷不知道该怎么述职，现在知道了。

里面唱票很快就出结果了：在场二十八位教授，小谷得二十二票，高居榜首，另一位老师得十六票，就她们两人票数过半，得以进入下一轮二选一。其余六位，包括那位有十九篇文章的老师，都未入围。

从棚户区新搬来的这一户是这么个景况：一家三口，男的有四十了，女的三十不到，带个小姑娘，两三岁的样子。看他们用板车拉来的家当——几个大纸箱！他们就拿这个装衣服，装棉絮，在屋里一个一个垒着。床呢，明显是一扇门板，边上一个暗锁给挖掉了，两条长板凳搭起来。女人带着孩子睡的那副倒是正经铺板，还挂了粗纱蚊帐，女人说蚊帐是她从广东带过来的——广东，怪不得她说话有时听不懂呢，原来是学的这边的话。看他们连吃饭的桌子也没有，倒是有一件莫名其妙的家具：高、窄，两侧有垂下来的翅膀，中部是个倾斜下来的肚子，可以伸手进去掏摸杯子盘子。把这名堂抬进了屋，两头的翅膀给他们拉起来抻平展开，就成了一个桌面，热水瓶就在上面放了一溜。进他们家串了两次门才看明白，原来这是照相馆照相用的暗箱！

男的是修表的，在钟表店上班。女的没工作，在家烧饭带小孩。听说她的户口还在广东农村，转不过来，粮票很成问题。也难为他们的，每个月只男人的一份二两肉票，买回来全部剁成末子煮稀饭给小孩吃，大人一口也不沾。真是的。

——哎！这男的还是个大学生呢，还是某某大学出来的呢。现在他屋里还有好多数学书，他晚上没事还喜欢动脑筋，做题目。他大学毕业怎么会跑去修表了呢？不晓得，不晓得他怎么想的。是不是读了大学修表修得好些？他到他们单位上也就拿二十几块钱，不比我们强。

——嘿！你不晓得吧，我告诉你，这个男的还是个华侨咧！印度尼西亚回来的，那边还有蛮多亲戚。今天邮递员上楼送信，我洗衣服瞄了一下，写了些外国字看不懂。他们这一家子才是怪咧！什么人咯。

妈妈在屋里喂小谷吃饭。碗里的饭分成了四堆，每一堆上点缀着菜。她用勺子舀起一堆来。"咦，看，飞机来了。"一勺饭菜蜿蜒在小谷眼前飞了一会儿，飞到了她嘴边，到她嘴里去了。刚吞下，"嘀嘀，汽车来了，呜——"汽车也进了小谷的嘴。

"小谷等你长大了，给不给爸爸妈妈吃饭的钱呀？"

"给！"小谷用力点头。

"给爸爸多少？"

"十块！"小谷把十个手指头都张开举在空中。

"妈妈呢？"

"十块！"十个指头再张开一次。

爸爸妈妈都高兴地笑了。爸爸每月的工资是三十块；小谷长大以后也会挣这么多钱，正好，爸爸十块，妈妈十块，小谷十块。

有一天中午爸爸迟迟没有回来吃饭。小谷和妈妈都吃完好久了，桌上给他留着饭菜。他的脚步声终于咚咚咚到了门口，踩的却不是平时的步点。

这天他下班后出了店门没几步，就遭到了钟表店几个年轻小伙的伏击。有一个为首的指挥，其余几个分路包抄，围攻上来。那个年头的年轻人个个穿件背心，颇有些肌肉可以打架。

"他们打你，你不会还手？"妈妈说。

"几个人把你手捉着，怎么还手？"伍师傅拿碗添了饭，把饭勺往锅里一扔，说道。

小谷在旁边听着，感到非常难堪，不知该看向哪里，手脚怎么放才好。她头一次感觉到了，挨打，受疼还在其次，它首先包含的一个意思是——受辱，让人无法自处。"几个人把你手捉着"，爸爸用的是"你"而不是"我"，当然得这样，用"我"则侮辱性更大了。她不敢看爸爸，想做几个轻松的动作来制造轻松，抹去他简要的叙述带给她的想象——街上，爸爸被几个人打，是不是还有不认识的路人在看？……

等她大了，小谷自然以为爸爸的挨打是因为他的华侨身份。有人报告他自己做收音机收听敌台，有人写大字报说他把单位的一个钟拿回了家，再后来，毛主席逝世的时候还有人说，他在笑。但她妈妈说，他那次挨打不是为这个。起因是他们店里来了一张自行车票。没办法分，就抓阄。有一个青年特别想要一辆自行车。他盯着一堆纸团看半天，拈起一个，打开来，没有。同事们个个去拈，打开来，没有。伍师傅这回偏偏好手气，一拈，有。

"给我。"坐他旁边的一个同事说。

伍师傅随手给了他。

就惹恼了那个特别想要自行车的青年。

事情经过如此，简直毫不切题。小谷一直把她唯一知道的这件事，当作她的父亲受那个时代背景的苦的证据。可是既然如此一件小事都可以让在一个店里上班的同事结了伙来围殴他，那些大字报总是起了铺垫作用的吧。

这件事之后小谷跟爸爸去他店里玩，忽然喜欢上了他店里的一个青年，每每跑到他的台子那里去。他穿一件鲜红的背心，长得和她刚看过的一出越剧里的男主角一模一样，唇红齿白的。小谷注意到他来找爸爸领零件时低着头，声音也低了。然后听妈妈说，他就是打她爸爸的人中的一个。

现在院里谁都认识伍小谷了。小谷穿着大棉袄，肥棉裤，一副狼狈形状地被人指点：谁是伍小谷呀？她自己在心里回答：就是这个肥婆呀！大棉袄遮着，仍然看不出四个月的肚子，外人看她不知是怎样莫名其妙的痴肥可憎呢！好嘛，伍小谷在最丑陋的时候高调亮相了。但终于还是给人知道了。一传十，十传百，人人都来恭喜：好啊好啊，这就叫双喜临门啊！怀孕的人运气就是旺啊！小谷承认自己的确是撞了大运，因为学校不早不晚，偏偏在今年出台了对她有利的教授会制度。

小谷想小宝一定知道。他（她）跟她一起去参加教授会了，他（她）在肚子里听着看着，给她鼓劲。满四个月了，小谷去做孕检。她第一次听到了胎心，通过扩音器传出来：托托托托……这是一颗小小的，坚强的心呀！虽尚未诞生，却有如此强大的生命力，它一下一下，有条不紊地向小谷的身心渗透传递。

有人在背后叫小谷。小谷回头，见是有十九篇论文的那位老师。小谷知道她在第一轮失利后曾痛哭不已。此时她热情地招呼小谷说："哎，你好！"她是另一个校区的老师，小谷在评职称之前还不认识她。小谷知道她现在肯对她笑有多么艰难。她在心里说：对不起，我不是有意的。本来我真觉得肯定是你上。我在述职之前并不知道有教授会这件事，也没有给任何教授打过电话。我连讲稿都没准备，出现这个结果我也没想到。对不起——祝你明年好运。

黄昏，小谷和爸爸妈妈从外面回家，走到楼下看见两只鞋。咦，这是她的花布鞋呀，晾在走廊栏杆上，怎么会掉下来？小谷把两只鞋套在手上，彼此拍打着鞋底上楼。

小谷家锁着的门上给人吐上了两摊口水。小谷有个直觉，这是隔壁的金鱼干的。金鱼比小谷大两岁，这女孩的眼神举止中有一种叵测的东西，大人说，这是"阴"。也许还有别人，比较重的那一口的旁边力道较弱的那一口，可能是跟在她后面的谁吐的。

门上的口水让小谷心上紧张难过，感到一种群体的威压，她是被孤立的那一方。但她还是和楼里的孩子们在一起玩。

金鱼有时把他们家的竹躺椅搬出来，坐在门口。她放竹躺椅的方向对着她家的门，背朝小谷家。小谷也把家里的竹躺椅搬出来，和她背靠背。有时，她俩传字条对话。

小谷在纸条上写了个问句：

"金鱼，是谁把口水吐在我门上？"

透过竹躺椅的缝隙，她把纸条塞过去，金鱼在那一头接了。

恰如小谷的预料，金鱼的答案是：

"是我。"

小谷感动于她的坦白。去跟爸妈说："我们门上的口水是金鱼吐的，但是她很诚实，我们就原谅她吧！"听了她的话，她爸爸妈妈都不作声，他们脸上呈现出一种很难说的表情，小谷在后来的回忆中不能确定那是否就是他们瞒着她背负的、被大众阶级排斥的痛苦心态。现在这种排斥在延伸，延伸到了下一辈，他们的小谷又在被一个无形的主流群体排斥了。

碰上金鱼心情好的时候，小谷会向她借小人书看。看完一本，再找她换一本，她从门缝里递出来。她家里的小人书内容全是革命群众和暗藏的阶级敌人做斗争。握着红缨枪的红小兵，发现了身边的某个坏分子形迹可疑，于是悄悄地报告，商量，埋伏……在坏分子搞破坏的关键时刻，大伙儿一拥而上，制服他，斗争他。最后，红小兵们"迎着朝阳，去迎接新的战斗"，每一本书的结尾都是这样的。

这小人书里的气氛却不知不觉进入到小谷的生活里来了。那些图画故事本来就脱胎于那个年代，小孩子们模仿起来，很易入戏。楼层里渐渐起了一个令小谷不安的论调，叫作"小谷家最反动了"。楼里的孩子们尽管不是红小兵，他们也学着书里的样子要揪出坏分子，而他们确定的坏分子人选，就是小谷家。小谷看见金鱼声色不动，只是有一天几个女孩来找她玩了一次，她在开着的门里跟她们彼此咬了半天耳朵。女孩们从金鱼家出来，对站在走廊上的小谷"哼"一声，捏住了她的把柄似的。随后那个论调就起来了。

小谷假装事情都是玩，指望他们说过就会忘记，不踏实地跟他们保持着关系。

小谷捧着她爸爸用报纸给她折的一艘巨大的船,到小丫家里去,金鱼他们都在小丫家。他们玩了一会儿纸船,忽然不知为什么大家都不理小谷了,往外跑。一个女孩已经跑到了外面,又返回来,把小谷的纸船抢过去扔在地上,狠狠踩了两脚,再跑掉。小谷把纸船捡起来,拿回家,再把它恢复成一艘船,她自己玩。

晴天的下午,小谷不午睡,一个人在走廊上看着灰砖墙,感到一种刻骨的寂寞。走廊上日光漫漫,栏杆、晾衣竿的投影深刻地斜映在地上,还有她的影子。她拿了一根彩色粉笔,下到一楼,从楼梯的第一级起一级级往上写阿拉伯数字:1、2、3、4……一直写到顶楼,一共54级。

午后几个女孩气势汹汹地闯进小谷家。为首的女孩厉声问小谷:"你在楼梯上写字了吧?!你敢在楼梯上写字!要是检查卫生的来了呢?"小谷的妈妈在家,她觉得女孩们对小谷的威吓严逼是小孩子的玩儿,她从没干涉过。小谷不知怎么回答,忽然答道:"这是为了打倒'四人帮'。"女孩听了冷笑一声,回头对后面的人说:"她还说是为了打倒'四人帮'!"忽地回转头来,把拳头向上一举:"打倒伍小谷!"然后她扭身走了,一帮人跟在她后面。

小谷被他们挤逼不过,心里非常痛苦。有些时候他们不作一路,局势就和缓些;他们联合起来对付她的时候,她的日子真难过。有一天小谷家在吃午饭,小丫进来看了看他们的菜,出去学舌说:"小谷家最反动了。他们又在吃好的——"

不料她妈把她喝止了:

"不准乱说。别个还不是蛮造孽!"

小谷对小丫妈的这句话满心感激。"造孽",是那个年头挺可靠的一个形容词,说你造孽,就是说你够穷,够无产阶级,够清白无辜。大家对你可以放心了,你和大家是一起的。

小谷感觉肚子里动了一下,像肠胃的蠕动。过了两天,又有微妙的动,像小鱼在游。小谷猛烈咳嗽了两声,肚子里面应声踢动了两下。——无可置疑了,这是胎动。到晚上小谷躺下,肚子里小宝就开始动,好像摊手摊脚想坐起来似的。他(她)可能奇怪于这颠倒了的乾坤,想要调整。

怀孕真是一个愉快而有趣的过程。

它合辙一个口口相传的节律:三个月一过,就好了。小谷嘴里的"孽",就从三个月起开始退却。四个月以后,小谷的体重停止增长了。但肚子在一天天长大。这是最理想的状态:光长宝宝,不长自己。她头四个月长横了的脸,又竖回去了,气色好,皮肤也好。血压不高,脚不肿,身上没起妊娠纹,脸上也不长斑,小谷的怀孕真是相当地轻松。她就爱挺着肚子往外跑，给小宝买衣服，买用具，拎着几个大袋子搭车，大家纷纷让座。她还想写东西，但八个月的肚子再坐不到桌前去，只能在往后仰的沙发上坐成个钝角。

最后一个月，小谷的肚子重得啥都干不了了，停了课一门心思在家待产。睡醒了，慢慢坐起来，嘴里念念叨叨：

小宝宝起床，

小宝想起床，

小宝要起床，

小宝起了床。

小路背朝她躺着，拿被单蒙着头。小谷把被单掀开。唷，他在偷偷地发手机短信。他惊讶地回头看她，他没穿上衣，神态天真，头发可爱，像个刚生出来的小宝宝。小谷笑起来了，去搡他："你是个小宝宝！我要把你变成个小宝宝，再把你生出来！"

小谷出生那一天，伍师傅照样去上班。小谷的妈在家觉得发作了，要生了，就收拾了东西到钟表店去找他。他让她"先去"，说他"就来"。她一去医院医生就不让她走了："不行，你这不能走了，马上要生了。"小谷的妈心想不行，又撑着走出医院，走到钟表店。"人家上班嘛！"伍师傅说。

小谷的妈又一个人慢慢摸回医院——好歹回到了医院。

真的发作了。小谷的妈描述说不是肚子疼，是腰疼，疼得像是断了，疼得在床上翻过来滚过去。病房里此起彼伏的呻吟声、号啕声，有的女人叫喊连天，但是护士充耳不闻，拿本书坐在门口看。医生也不过来。你要生孩子，这是你自己的事啊，你就自己生去吧！

"疼什么疼，女的就是娇气！"伍师傅后来说。他几十年后都还这样说，让小谷恨得牙痒。

小谷生出来了。护士说："哟，这小孩儿好白呀，眼睛也睁开了到处看呢！"先赶到医院的是伍姑妈。看到小谷了回店里去告诉伍师傅："是个儿子！"伍师傅高兴坏了，跑到医院，结果是小谷。可是小谷——小谷让他看着眼熟。他看到她，才恍然大悟：原来小孩不是凭空由天赐给的，这小孩其实就是他们自己！看她多像他们哪——不像妈妈的地方就像爸爸。她就是她的爸爸妈妈生的，像大树上生出小枝，他们本来就是一体。

这个恍然大悟的感想，是三十年后的小谷在某一天突然生发的。小谷还没有孩子，而在那一天她没来由地想到，将来会有一个小姑娘来陪她——她坚信她会生个女儿——这个念头如一阵强烈的暖流，在还不想要孩子的她的周身穿过。接着她还想到了，为什么越是身在底层吃不饱穿不暖的人，还越想多生几个孩子。就因为他们太孤苦，没人心疼他们，所以才想生个孩子来把他们当父母疼。孩子生得多，他们的亲人就多了，他们自身也就壮大了。

小谷躺在手术台上，看着天花板。她一点都不紧张，就是人疲倦。昨天一早入的院，各项检查从上午做到晚上，没时间吃饭，饿得眼冒金星。晚上小谷还赶着洗了个头，再去吸氧。十二点多钟才躺下，睡得好好的，三点整护士来敲门，一进来就啪地按开灯，说要测胎心。把仪器往小谷肚子上一按，只一秒钟，"好了！"，急步出去，结果小谷给闹醒了再没睡着。

龙主任进来了。医院里通行的叫法，主任医师副主任医师都叫主任，大家彼此都你主任我主任地叫来叫去。这龙主任五十出头，是妇产科的第一把刀。她看上去很显年轻，面部线条瘦削冷峻，小谷觉得她很有气质。小护士们说，龙主任最酷了。龙主任是小路的师母辗转介绍的。小路的师母操心他们生孩子，托一位认识的妇科主任帮忙。妇科主任与龙主任是牌友，写张条子过去，龙主任看了，热情接待。安排了时间，又安排温馨病房，还把手机号留给了小谷小路。小谷小路很受感动，听师母说前面还有一位熟人也是经同样的渠道请龙主任主刀的，刚刚出院，就打个电话过去，问他们买的什么礼物感谢龙主任。他们说送了一千元钱。小谷愕然，觉得满心的感谢变了味。可是既然人家这么做了，他们也只得循例。龙主任嘴上说"不用,不必客气",她白大褂上有个大口袋,小路把信封插进去,大小正好。

小谷胸口以下都没了知觉。麻醉师在她耳边说:"手术开始了。"小谷听人说会感觉他们在肚皮上画线——其实是在剖开,她倒是毫无感觉,只看见手术台上方两个人在使劲按她的肚子。好像只过了三分钟,她就听到了哭声。她问:"宝宝出来了吗?"龙主任说:"出来啦。是个姑娘。"小谷哭起来了,一点预兆都没有,她没想到自己会有这样的反应。龙主任麻醉师护士立刻都围上来:"怎么了?怎么了?"小谷哽咽着说不出话。龙主任说:"是太激动了吧?"小谷只好大而化之地点头,不断抽泣。护士说:"别哭了,你这样动对伤口不好,快别哭了,来,看看你的女儿。"小谷看被举在她眼前的宝宝五官浓烈,觉得不像自己。她努力抑制住哭,扭头看宝宝被放到那边的秤上躺着,手脚舞动,一下一下细声嘤嘤地哭。龙主任的手法的确干净利落。她对小谷说:"我顺便把你的子宫卵巢附件都淘了一遍,没问题。"龙主任看上去就是个很下得了手的女人。她刀法娴熟,剖一个产妇只需十多分钟。她自己说是每天都在动刀,但好像又不轻易操刀,一般人想请到她,难。

小谷被推了出来。小路,她妈妈,还有陪同的两个朋友都迎上来,皆大欢喜。簇拥着到了温馨病房,是个单间,另有一张沙发床,一个简易摇篮,一百八十元一天。龙主任指点小路去买条鱼炖萝卜,到晚间给小谷喝汤。

小谷被抱回了爸爸妈妈住的破木板房。那是一片棚户区。哦哦,小谷是个祸害精啊。她哭啊哭,妈妈哄她睡觉,一连七次,她好像睡着了,一把她放到床上她就睁眼哭,妈妈又第八次把她抱在怀里。她爸爸不管事,他白天要上班,他把头蒙起来睡。被吵得狠了,他说:"哎哟哎哟,这小孩要不得要不得!"他嘴上说要不得,心里要得很,小谷曾经被试图搭[1]在一个婆婆家,他一上午偷偷去看了几次,小谷坐在圈椅里哭个不停,那婆婆只顾洗衣服,根本不管。他不敢露面说那婆婆,当天下午就叫小谷的妈辞掉才做了半天的工作,把小谷抱了回来。小谷因为哭狠了,回来感冒发烧,闹了半个月。

伍师傅行事奇特,他坚持要让大床不靠墙,离墙半尺远。那大床四面无遮无拦,小谷睡在里面,半夜掉到了床下。妈妈半夜醒了,小孩呢?急忙叫睡在小床上的爸爸,他拉灯,居然停电,赶快点起煤油灯来看,小谷在床底下睡得正香。不知为什么,这回掉到地上她倒没哭,接着睡了。

每天每天,小谷就是喂奶、喂奶、喂奶。

---

[1] 搭:方言,意即将孩子送到别人家里托管,一般是早上送去,晚上接回。

宝宝一吃就是一个多小时。她好像可以一直吃下去，小嘴不断地嗫嚅着，也不知她吃到没有。一停下来她就哭，反复多次，非要再冲牛奶补足，她才不哭了。小谷不知道自己究竟有没有奶水，有的话有多少。大概她读书读呆了，这个最简单的问题都搞不清。书上说，其实不存在母乳不足的情况，因为根据自然界的设计，母乳的产量是与宝宝的需求相适应的，宝宝订多少货，它就会产多少，正是因为很多母亲信心不足添加牛奶，才造成母乳真正地不足了。奶是越吃越有，人人都这么说，所以小谷就尽力地喂。才喂完一个漫长的过程，宝宝又哭了，她又抱起她，进入下一个循环。时钟转过了一圈，又一圈，小谷还在喂。这样的喂奶太累人了。小谷坐得腰疼，背疼，屁股疼，髋骨疼，颈椎疼，精疲力竭。

小谷想用吸奶器把奶吸出来。一来可以提高效率，二来可以看见到底有多少奶。她随便买的一个吸奶器，试着用了一次，把她吓坏了，它简直是刑具！它死命地吸住乳头，残酷而非人地挤压，可是吸不出来，忍住了巨大的疼痛才挤出了一滴，而乳头周围的毛细血管都充血了。小谷问别人：吸奶是不是很疼啊？是不是真的像书上说的，每次吃不完的奶必须挤出来啊？答说：是的，疼得死人。要挤，不然会得乳腺炎，要开刀。如果发现乳房里起了硬块，那就是发炎的先兆，得赶快到医院去挤，那些医生护士的手可狠了，像坐老虎凳一样！有的农村妇女，奶水胀痛得找个背人的地方，扯些尖利的草在胸脯上乱戳……小谷听了来自四面八方的这些吓人的话，不仅恐惧，而且抵触。难道做母亲不只是苦和累，还要付出屈辱的感受？女人的乳房何其敏感，不可轻易触碰，难道一旦做了母亲它就不再金贵，要受这般糟践？每天都不分时间场合，没廉没耻地敞着怀，随时地喂，你不再是个人，是一架喂奶机器，是头母牛。家人好汤好水地伺候你不是为你，是要你产奶，好喂宝宝。你的身体成了被利用的一个容器，他们才不管你的肠胃消不消受得了，身材会不会变成水桶，人还有没有其他价值，把宝宝喂大之后你是否还有个人样：你得多吃呀，你是一个人吃两个人的饭哪。小谷吃不下，也不想吃，随它吧，奶真的多了还不得该我挤？

宝宝一会儿尿尿了，一会儿拉屎了。换尿片，打水给她洗，安顿好她，再洗尿片。这样做的目的不为别的，只为她再一次弄脏尿片。小谷守在她旁边，不知干什么好，隔一会儿探手进去摸摸尿片，经常是才换又湿了。周而复始，徒劳无功。天又太热——把着自己的乳房喂奶，马上手心就全是汗，添了烦躁。坐月子不能出门，不能吹风，穿着长衣长裤，尽管每天擦身好多次，身上还是起了痱子。电器也伺机捣乱，空调坏了，热水器坏了，小谷真怕下一个会是吱嘎作响的大床垮了。

小谷觉得不堪重负。有时偷懒睡一觉，宝宝由妈妈和小路管着,她醒来又觉得愧疚。日子沉重地向前拖着,时间胶着,而到了晚间又觉得快,一天又混过去了。小谷每晚早早就跟宝宝一起上床。视睡如归。前面的都是前世了——就以分娩为界,前面,包括怀孕,都是前世。自从宝宝落地,她也坠下一个巨大的落差,进入了"现在"。

小谷记得她小时候有一阵子每天早上都哭,因为她妈妈要上早班。妈妈四点钟起床,她一定跟着醒,但妈妈不让她跟着起来。妈妈穿衣服,穿鞋,洗脸,小谷就在床上哭。是冬天,窗玻璃外黑漆漆的,屋里黄灯泡亮着,小谷的眼泪把它的光线拉得老长老长,随她的抽泣上下左右不规则地拉着。妈妈出门了,爸爸哄小谷:"你妈妈就回来,就回来!"他往一个空罐头盒里倒些酒精,拿火机轰地点燃,泛蓝的火苗蹿得老高。他跷起脚让它在火上一过一过,烤他的袜子。小谷看着,眼泪渐干,黄灯泡黄得具体了。

小谷妈惊讶地说:"啊,那么小时候的事你都记得?你才一岁半哪!"小谷这小孩,一出生落地就睁大眼睛四处看,什么事情她都记得。

小谷妈讲:"你一岁半,我经人介绍到食品公司去卖肉。每天早上五点钟到那里,一直干到晚上八点。别的女人都是两个人抬半扇猪,我一个人就搬半扇,主任很喜欢我,叫我卖杂骨、下水,那时候买猪肉要票,杂骨之类就不要,好多人叫我帮忙买,不帮失人情,帮这个又帮不了那个。你又好哭,在别个婆婆家里一天哭到黑,人家不敢要,所以我只好不干了。在那里只干了十七天。"

小路说:"可惜了,那么俏的工作。你怎么就那么好哭呢?"

小谷说:"算了,我妈做不来的。"小谷的妈那么瘦弱还一个人搬半扇猪,给将来积累下病根。她要真做下去,也摆不平那些找她帮忙的人,人情做不了,反而得罪人,肯定是这样的。

小谷妈说:"再说每天早上我走了,你爸爸要把你从四点多抱到七点多,才能送到搭你的婆婆家去,他说实在受不了,叫我回来。"

这个小谷竟然记不得了。她爸爸抱着她,在黄灯光里摇晃着走来走去,她一点印象也没留下。要走三个小时呢。伍师傅也没提过。早些年他偶尔会说一句:"你忘记了吧。"他是说小谷把小时候的事给忘了。小谷曾经是他的尾巴,一刻也离不了他,究竟是从什么时候起她慢慢疏远他的?

大概是小谷十二岁那年,有一个星期天,她妈妈借了单位上的三轮车买了一车煤回来。她把煤卸在楼下,上楼来叫醒正在午睡的伍师傅起来去搬,她得去还车。伍师傅不想动,漠然答道:"你把它买回来了你再把它搬上来就是了。"小谷的妈这回忍无可忍地说了句:"哎你也太没良心了。"她连口水都没喝就走了,小谷倒了一缸白开水追下楼,看妈妈把水喝干,看她身后的煤垛,堆得比她人还高。煤后来是她跟小谷,还有小谷的妹妹三个人搬上楼的。伍师傅索性在床上赖到底,到天黑才一脸不高兴地起来——他下不来台了,只好绷着脸维持。他跟小谷妈一个月没讲话。那些年他们常常如此,小谷回想起来都不晓得从前的日子是怎么过的。小谷跟她妹妹都偏向妈妈,伍师傅被孤立了。

"没得意思。"又是很多年后,跟家里谁都不讲话的伍师傅跟外人这么说。他病了八年,是绝症,放疗化疗摧毁了他的胃口,八年中他没吃一口饭,光喝豆奶。小谷的妈一天到晚服侍他,关心他,不管他吭不吭声都跟他讲话,他还吼她。他在家除了发脾气,就是不讲话。

无论入睡前心情多么灰败,睡到半夜,宝宝在身边窸窸窣窣一动,小谷就坐起来了。按亮床头的台灯,她很快束好头发,抱起宝宝,开始喂奶。

月亮突然奇异地升起来了。大半个月亮越过了楼上的阳台,镶嵌在窗户最上面一格的框里,不动了。月亮旁边一棵松树安静地立着。清凉的空气透进来,小谷想起一些恍若隔世的往事。

小谷的妈说:"你小时候,你爸爸多喜欢你啊。有了你,他宝贝得不知怎么办才好。……"

小谷坠入了对她爸爸的思念中。爸爸不过是疲倦，心烦，偶尔躺着不肯起来搬煤。那一年小谷已经十多岁了，而现在，她自己的孩子还没满月，她就觉得熬不下去。报纸上说北京有个女人在地铁开来的那一刻跳下了铁轨。她死于产后抑郁症。小谷能够体会这个女人扑向铁轨那一瞬间的心情。不止一次，她在暗夜里瞪着窗外的夜色，也想朝那一方依稀的光亮扑出去。她为什么活不下去？因为她被抽空了。因为她陷在里面了。生活再没其他内容，曾经建构起来的精神世界坍塌了。她珍爱的文字也像奶水，三天不用，它就会"回去"。伍小谷的时乖命蹇的父亲把她养大了，她自己舒舒服服生了孩子却活不下去。孩子要多久才会长大？十八年，二十年，那是多么漫长的路啊！是多少年的老话了：养儿方知父母恩。

小谷把宝宝抱到床的另一头，换一边喂奶。能够这样躺着喂奶已经够舒服了。宝宝一夜只吃两三次。小谷小时候夜里要吃五六次。小谷妈听人说，小孩半岁了，可能奶不足了，可以给她加点稀饭。谁知就加了一次稀饭，小谷拉肚子从半岁拉到一岁，小谷妈经常半夜里抱着她上医院，挂号、交费、拿药、再抱回来……夜路伶仃，连个换手的人都没有。

喂了奶再睡一觉，天大亮了，又是一天了。小谷的妈一如既往地操持着，抱着宝宝给她洗澡。她现在给宝宝洗澡就宛如三十多年前在给小谷洗澡，她这样地抱着宝宝就如同从前抱着小谷。小谷现在有点知道为什么老人都想抱孙子了——在孙子的脸上，他们会再次看到自己年轻时生的那个孩子的模样。

小谷从抽屉里寻出这只经年不戴的表来时，可巧它上面的时间和现在只相差一分钟。她把它拨快一分钟，再上满发条。这个停滞了一两年的表，给轻轻往前拨动一小格，它就与当下的时间重合了。宇宙间浩渺的时间，如果可以如此轻易地被表针追回，那就好了。

这只表谁见了都要凑上去看稀奇：规整的圆形玻璃表盖里头，赫然可见表的内脏。金灿灿的机械，含着许多个微妙的齿轮，有一个齿轮在转，旁边一个金环带着盘缠成圈的细若游丝的发条在反复跳摆，它的频率对应于绕表面快速转动的秒针的步伐：嘀嘀嘀嘀嘀嘀嘀嘀……

这只表是伍师傅给小谷的。小谷猜想设计这种款式的表的人一定是个钟表爱好者，就像她爸爸一样，他们觉得表的内部构造具有一种精工之美，所以他们去掉装饰性的表盘，直接以零件本身作为装饰——看，齿轮像花朵。旋转的齿轮、跳动的金环、由紧渐松的发条，以及三根长短不一、时刻改变角度的表针，给这精工图案增添了律变的因子。只可惜乏人欣赏，现在戴表的人越来越少了。

伍师傅在五年前去世了。他在退休前一年患的癌症，单位付了开头几笔医药费之后便开始严卡，伍师傅患病八年，到最后每月仅有二十元药费，他便不再去医院看病。他去世了，他卧房墙上的七个钟也都停了，指向七个不同的时间。他留下的几大盒子的旧表，在旁人看来，只是废物一堆。

外语学院的新大楼盖起来了。大楼位于几道山坡的交汇处，造型古雅，上下楼梯的时候，就看着回廊上长条形贯通上下楼层的窗玻璃为外面的树影山色所充满，是无比生动的条幅画。建了新大楼，副教授以上职称的老师都分到了办公室，院里电话通知小谷来领钥匙。小谷看见办公室门上的"Associate Professor[1]"字样，心情振奋，虚荣心、上进心都被激起来了。在职称这个问题上，努力之外，运气也必不可少。伍小谷觉得她的好运气不是白来的，是她父亲用一生的坏运气给她换来的。就如同小时候她爸妈把定额的肉食省给她一样，他们把运气也省给她了。

人的适应性是很强的。刚有宝宝的时候，小谷半夜要起来总是睁不开眼睛，没多久，就警醒了，半夜三更的她头脑清醒，行动敏捷。她喂奶、换尿片、洗洗弄弄，还能顺便把第二天的汤炖上。生产流程日趋形成，生活流程日渐成形。

---

[1] Associate Professor：副教授。

宝宝快半岁的时候，小谷自己带她已经应付裕如。要带她出去玩，收拾好尿片、垫单、纸巾、手机、饭卡、MP3、钥匙等全套装备，装进大塑料袋拎在手里，抱着宝宝下楼，打开储藏间拖出婴儿车，垫好，放她坐进去，推着她到屋后的操场上。阳光很好，操场边沿的梧桐树叶子不觉间都黄了。小谷跑起来，越跑越快，红色跑道上的白色线虚起来，飞速向后退去，宝宝在车里格格地笑。

抱着宝宝，小谷嘴里念念有词："一，一一，一二一，一三三一，一四六四一……"蓦然惊觉，这是什么？这是小时候爸爸教她的杨辉三角形啊。幼年的一切，都没弄丢，它们潜伏着，在注定的时候浮出水面，与她重逢。

小谷的妈说，小谷一岁三个月就认识好多字了。伍师傅三天两头从街上买些识字卡片回来，教小谷认字。小谷认到"年"这个字的时候，有了一个发现，它特别像她的爸爸。爸爸的脸稍微往右边侧一点，他脸上的神态，活脱就是这个字。那一条长竖就是他的鼻、人中和下巴；上面的一小撇是他的头发；一小横是他有些恳切却碰了壁的眼神；剩下的一横、一折，架在一长横上，组成的就是他的鼻翼和嘴之间的典型状态，一种带点尴尬、却不试图解释或解决的神态——太像了。要等到很多年后她才能做这样的描述：这个"年"字，就是她爸爸的脸的形象。当时的小谷当然不能够把这意思说清楚。她犹豫了很久，还是告诉了他：

"爸爸,你很像'年'。"

他没听懂。"我怎么会像'年'呢?"小小女儿莫名其妙的一句话,他没有在意。

——爸爸,你真的很像"年"。虽然我现在再也看不到你了,无论我多么思念你;但是,我看到这个"年"字我就看到了你呀。

2006年7月13日—8月9日初稿
2006年12月18日—23日修改

小麦
回忆与非虚构

我汲川上流

一首歌给予人的伴随，也有缘深缘浅。

前天我听李谷一的盒带，有一首旧歌较生僻，歌名叫《赠缅甸友人》。然而当前奏响起，竟然是心谷的回音，与久远的记忆呼应，契合，丝丝入扣。我不能置信地呆了。是它？它原来在这里？二十多年来它杳无踪迹，空余旧影，谁知它还有重新现身的一天，在我眼前温柔、清晰、完整地展开。

二十多年前我在幼儿园，在清静的下午，伏在桌上听老师弹风琴唱这首歌。幼儿园的老师多是年轻姑娘，她们轮流地且弹且唱，这首歌里有种别的歌曲不具备的优美抒情，她们频频地练习，想把它唱好。我从来听不懂那歌词，感觉是一个年轻姑娘在向什么人倾诉剖白，真挚而又忘情地。那中心部分的曲调烙进了我的心里，萦绕不绝，现在我才知道它对应的歌词是这样的：

> 我汲川上流,君喝川下水;
> 川流永不息,彼此共甘美。

这是陈毅的诗,刘兆江谱曲,用在纪录影片《欢乐的节日》中作插曲。想来熟悉它的人不少,但我未听见其他人唱过,它遂成了一个经久的谜。每当它在我心里奏响,我立刻就被一团惆怅包围,想起幼儿园里的时光。我进了小学就开始尝到这惆怅的滋味,只是我形容不出,那是一种伤感、怀旧、孤独和向往的交织,那混杂的感情竟是浓醇的美好,我啜饮不尽——虽然我在幼儿园里度过的童年极不快乐。

我上幼儿园的第一天妈妈并没有同我实说。她带我去那个奇怪的园里玩,有许多小朋友排排坐着,一个四十上下的和蔼阿姨同我说话,我才答两句,回头看妈妈,却见她正快步往外走。我连忙喊她,她不答应也不回头,不一会儿就出了大门看不见了。我要追上去,却怎么也挣不脱阿姨的手,又急又怕,只听阿姨说:"莫哭莫哭!看看,花裙子都蹭脏啦!"我不知哭了多久,终于被哄得止住了,抽泣着被她抱了起来,她喂我喝盐开水。这抱我的阿姨是珍老师。她姓廖,不大好听,故以最后一个字称。园里一个珍老师一个贾老师。珍老师前几年去世了。

我自入园后开始被人连名带姓地称呼。"蔡小容"——我头一次听人这么叫我时真觉得陌生,不由得想起碧绿的菠菜。本来我只是"小容"的。从此我"正式"起来了，不敢随便，时刻要守规矩，听老师的话。

有一天老师巡视到我身边来，斥责我旁边的男孩："看你把蔡小容挤到哪里去了！"我听了倒诧异，因为我竟然没有觉得，他进一分我就退一寸，直到墙角。但我时常觉得苦痛，有时日子简直过不下去。有一段时间旁边的两男一女每天商量怎么折磨我。一个说："你明天带根绳子把她捆起来。"另两个都点头帮腔，添油加酱。我听着他们你一句我一句说要把我怎么样怎么样，伤心欲绝，泪如泉涌，却不懂得反抗。这些鸡毛蒜皮，老师也不耐烦管，生死由我。老师们都说："最听话的是蔡小容。"这话我当时听得好舒服，如今却憎恨，我顺从懦弱得可耻。

幼儿园里的时间走得特别慢。有时候我糊涂了，辨不出是上午还是下午。老师经常不准我们说话，这样她们可以安静而自由地干他们爱干的事情。我们有时候玩不好玩的玩具，有时候听不好听的故事。本来我不爱唱歌，有一天我突然想到我要让妈妈听见我的声音，于是我坐正挺胸，拼命大声地唱——想象我的歌声飞出幼儿园，穿出小巷，过一条马路，转弯再过一条马路，直到妈妈上班的小百货店。那一段时间每逢唱歌我都要把喉咙喊破，心里很安慰。后来问妈妈，她笑着说："那怎么听得见呢！"

有一次我们排队去文化宫，途中会经过妈妈上班的小店。

老远我就开始看了,走过去了还回头——我没有看见她。我哭了。马上有人报告老师。老师说:"蔡小容你哭什么?你不出声我也知道,你肩膀在动!没看见你妈妈是不是?"

妈妈每天上早班,由爸爸送我去幼儿园。有时他会进一下园里的男厕所。园里孩子们的厕所是一大间,大人的厕所另设,男女各一小间。我站在外面等他出来,然后他送我进教室。平时我是如此思念他,所以在休息的几分钟里我常走到这边来,独自怀想。有时男厕所的小门关着,我真希望过一会儿门被推开,爸爸从里面走出来。终于有一天我忍不住——我盼望有奇迹发生——我过去把门拉开了。里面蹲着扫院子的老头。他看着我,我看着他,那边珍老师在正领着小朋友做游戏,她见状喊起来了:"那个姑娘伢到男厕所里去了呀!"那一队小朋友都跟着喊,声势浩大,千军万马,我在刺目的阳光下逃掉了。

有一天吃午饭的时候老师警告:"谁要是把饭掉在地上,我就叫他捡起来吃掉!"我忽然发现脚下有一大团饭。不是我掉的。我有点怕,拿脚踩住它,但老师仍然看见了。她说:"你把它踩成黑色我也看得出来!"我和另一个孩子被叫到她面前,把捡起来的饭吃掉。我很慌乱,看她一眼,她正尖利地盯住我。我无法把饭上的脏污弄干净,我更想快些结束这件事——就把那团饭囫囵吞了下去。

爸爸来接我回家,我平生第一次体会到什么叫"话到嘴边又咽回去"。有东西堵在我胸口,是一种欺,一种辱,和对脏的恐惧。我鼓足了勇气吐出:"爸爸,我吃了脏东西。"他问:"什么脏东西?"我说:"掉在地上的饭。"他说:"那怎么还能吃呢?"我没敢说是老师让我吃的,他也没多问。我一直被父母精心呵护养育,在我的意识里,那一天以前我吃的东西都是干净的,就从那一天起我被污染,被细菌占领,无法挽回。这种思想的毒菌咬啮我,比真正的细菌伤害我更深。

我十岁的时候曾在公园碰到那个老师,我居然惊喜地叫她。她也惊喜,但她已经不认得我了。我很自豪,我长这么大了——哎。当我还在幼儿园大班的时候——妈妈对人说我上幼儿园"上惯了",不哭了——有一天老师带着我们上街,返回的路上碰到珍老师,她拉着板车,肩上搭条毛巾。所有的孩子都大声喊:"珍老师!珍老师!珍老师!……"我想起老师教过的:"叫人,只叫一声。多叫不礼貌。"我就小声叫了一声:"珍老师。"没人听见,队伍里我是唯一一个不参与合唱的人。珍老师没有生气,只说了句:"认不到哒!"

我在幼儿园里最快乐的事是上写字画画课。那是专门表扬我的。老师们喜欢拿本书叫我认字,她们以我为罕,说我三岁竟会认那么多字。我从一岁多起就识字。至于画画,那太容易了,叫我画什么都行,我一会儿就交上去,看其他人继续笨拙地摆弄。没人能跟我比,我小时如此了了。现在我看一些儿童画，心里生出感慨，我从未有过那样的稚拙之趣，从一开始起我的线条笔法就过于准确和成熟了。不久前看方成先生的文章，说"做人要老实，画画不能老实"，我才悟出我的症结所在——我太老实了，不会夸张变形之美。

幼儿园里每天有漫长的午睡，我简直觉得有三小时，而几年中我几乎没睡着过一次。静静地躺着，听见邻床磨牙的声音，等时间过去，等自己长大。有一天下雨了，雨在窗框里画着斜线。很多家长来送衣服，好像爸爸也来过，在门口看了我一眼。过了些时，我迷惑了，弄不清他是真来过还是我心里生出的幻想，要等起床才知道。天冷。楼下有老师在弹风琴，悠悠的，还是那支曲子，但没有唱。琴声如诉。

1999 年

理发

妈妈坐到理发椅上——奇怪的、复杂的椅子——理发员拿过一大块白布,一抖,往妈妈颈上一围,在后面一系。抱着我的周幺幺[1]指给我看:"你看,你妈被捆着啦!"我的感受由迷惑不解变成了害怕和受侮辱,嘴一扁哭起来。妈妈变成了奇怪的妈妈,大白布包着她。她坐在那里不动,还笑。穿白褂的理发员拿个滋滋叫的推子在她头上推。推了,又剪,嚓嚓嚓,头发掉到地上。

等她脱掉白大褂,抖干净碎头发走到我跟前来,我已经哭得伤心到极点了。

"这个伢好哭。"周幺幺说。

等我大些,妈妈又带我去理发。这回是给我理发。

我坐到理发椅上,感觉到它的沉重——铁的支架,黑皮靠垫,一个翘起的踏脚板。我被定型了——手搁在扶手上,

---

[1] 宜昌方言中对比自己父母年轻的女性的称呼,相当于"阿姨""姑姑""娘娘"。

脚踩在踏板上,身子太小,勉强跟靠背贴合。我看着面前的大镜子。镜子里,我身后的理发员也在冷冷地看我。她年轻,烫着卷头发。

她把白布一抖,往我前面一围,在后面一系。"过来洗头。"她说。我披着这斗篷一样的白布跟她去。走到角落的水池边,坐在板凳上。她把我的头按下来,放水冲。凉的,过一会儿慢慢烫了。水槽里扑面一阵温热的肥皂味,理发店特有的气息。水关了,肥皂在我头上搓。啪,肥皂被扔到盒子里,她的尖指甲在我头上抠。

肥皂水进了眼睛。我伸手擦一下。"不要动!"她说。把我的头拉到水龙头下面冲。毛巾用力擦头发——我的头被擦得晃动——绞干,再转到下面把我的脸猛烈一拂。

"过来!"我跟着她过来。又坐在理发椅上。镜子里的我头发湿漉漉地翘散,像个小傻瓜。她挺不高兴。拿了剪子梳子过来。

剪。梳。推。剃。吹。金属的接触,冷而硬。不舒适的摩擦,麻。电吹风在一个地方逼近得太久,时不时烤痛了头皮。她不断命令我把头放低、放高、往这边或那边偏。我不能领会她的意思。她眉头越皱越紧。"笨!"她说。我也觉得我笨,听不懂她的话。她越不耐烦我就越不能让她满意。她不断把我的头抬高摁低。我的眉头不自禁地皱紧,闭着眼睛躲避她的种种动作。完全不能和谐的一种合作。痛——

苦——极——了。

终于完了。她往我脖颈里扑点粉,拿毛巾扫掉碎头发,解开白布。往镜子里的我瞪一眼,表示完了。我从椅子上滑下来,去找妈妈。

几天后的早晨,爸爸送我上幼儿园,经过那家理发店。他们还没开门,两个理发员站在门口吃面。其中一个就是那天那个理发员。她也认出我了,我这个头她认得。她转头对旁边的同事说话,眼睛看着我,眉头又皱上了。我感觉她要说我。果然,给我听见了:"……烦死人,她怕洗头!"她满脸的厌恶,拿把叉子从茶缸里叉起一卷面往嘴里送。

我走开了,心想她也像我记住她一样记住我了。

2000 年

辫子

那时候我头发很短，却非要梳辫子，妈妈勉强给我编成三股。自己的辫子我编不了，最爱给别人编。爸爸的同事中有几个年轻姑娘梳长辫子，很长，长过腰际，甚至臀部。七十年代的妩媚就是这长辫子。辫梢若是绑上黑绸，则有种朴素的冶艳。

她们伏在工作台上修表，我搬把椅子坐在她们后面，把长辫子拆开来重新编。我能编得和她们一样，均匀而柔顺。末梢留个三四寸，绑上橡皮筋。爸爸说我："哎，莫去玩人家头发！"但她们愿意。她们也玩我的头发：把我的刘海用小黑发卡缠起来，再用另一个发卡固定住，过半小时拆下来，它成了波浪卷儿。拿镜子给我照：前额的鬈发使我清汤白面的脸显出一种艳娆。她们说再拿火钳来给我烫一下，使它卷的时间长些。爸爸在那边说："搞什么哟！"他不赞成，也许心疼。姑娘们学他的腔调："搞什么哟！"然后哈哈大笑。

我等着我的头发长长，长到我能像那些年轻姑娘一样，空闲的时候把自己的辫子拿到胸前来，拆一半重编，一边想着心事。辫子是种风韵、神秘和骄傲。她们把辫子往后一甩，在工作台上玩"抓子"，沙包抛起，飞速拈起面相相同的几个"子"，再及时接住落下的沙包。辫子随她们的动作而飞跳。她们的神情里不知何处带一点娇媚而傲岸的笑，不去看身后看着她们的男同事。

编辫子的活儿，女孩子看一遍就会了，三绺或四绺头发绕在指间，十根手指自然而然地和谐运动，这动作使人有快感。我家门口的栏杆上绑了一截稻草绳，每天我都把它编成辫子，第二天再拆开重编。

2000 年 5 月 31 日

螳螂

铺面刚开门,他们在扫地。灰尘、纸屑、洒过水的地面,爸爸指其间的一个东西给我看:一只螳螂在跳跃躲避。它很大,颜色和现在街上经常有人用棕榈叶编来卖的螳螂一模一样,嫩青的。它被急剧拂动的大扫帚赶得无处可逃。爸爸把它捡起来,一路拎着它,送我上幼儿园。他把螳螂拿到单位去了。

我在幼儿园囚禁了一天,傍晚爸爸来接我。螳螂装在小纸盒里。到了家,爸爸用白线拴了它的腿,我牵着它在门口玩。我整天在幼儿园总是做白日梦:我跨骑在家门口的栏杆上,俯瞰着下面的树。它们枝叶繁茂,向我张开怀抱。我向它们一扑,我就在飞翔了,树呀,鸟呀,人呀,都仰脸看我,惊羡地。景色在我下面浮掠而过,多美啊!

栏杆旁边正好有个小凳子。和我想的一模一样,我站上去,把腿往栏杆上跨。这时走廊那边周幺幺惊叫一声:"小容!"

她过来告诉了我爸爸。爸爸从屋里出来往我屁股上狠狠一掌。火辣辣的。他说:"还不怕!"又一掌,我站得有点歪了。他一辈子就打过我那一次。

隔壁的小孩子都出来围着看。难堪多过痛。我低着头,看见那白线系着的螳螂,在使劲往墙上爬。

2000 年 5 月 31 日

洗脚

每天中午午睡前,我们都要洗脚。

吃过午饭,太阳正当头,白炽而酷烈。老师在教室外摆好了大木盆,盛满了水。我们四个四个地被叫到外面去洗脚。坐在木盆边的小板凳上,脱了凉鞋,把脚放进水中。清凉沁了进来,脚的舒适慢慢向上传导。白花花的日光下,这盆水像一汪小河,也有水波荡漾。水里浸着四双小脚,像小蹄子,小手伸进水里搓它们,或者左脚搓右脚。老师说:"好了!"小脚就拿出水面,伸进凉鞋,带出两泼水在地上,踢踏踢踏走回教室去。

张飞洗脚总是坐在我左边。我们的凉鞋脱下来放在一起,我和他的凉鞋恰恰是一样的,那年代的凉鞋本来没几个式样,男孩女孩也可能穿同一个式样。我们并不说话,各自洗脚。洗好了各自穿好鞋子回教室,没有话。

一天妈妈休息,我就没上幼儿园。妈妈说:"咦,你的两只凉鞋颜色怎么有点不一样呢?"我来看,果然,一只是浅红，一只稍稍泛白，仔细看就不一样了。我说："肯定是洗脚时穿错了。这一只是张飞的。"妈妈说："那你再洗脚时跟他换回来。"

我在家和隔壁的朱荔、杜荫荫他们玩。那时女人们时兴穿"边带"凉鞋，就是凉鞋的带子不像我们这样从脚面上绑一道，而是从后面足踝绕过去，再扣上搭绊儿。这种高雅而时髦的成年女人样式让我们羡慕得不行，可哪里有给小孩子穿的边带鞋？朱荔和杜荫荫硬是把自己的凉鞋变成边带——把带子反过来从足踝绕过去，再扣上搭绊儿。她们扣好了，大女人似的走了。我也急忙照样扣好，追上去。

我们走得心满意足，但是突然我的脚感觉一松。低头看，反过来扣的搭绊儿把凉鞋带子挣断了一截，带子就荡在一边了。朱荔、杜荫荫都鄙夷地笑。但是爸爸有办法。他不知用的什么胶，把断的那一截粘上了。

星期一我去上幼儿园。中午洗脚的时候，我对张飞说："这一只鞋是你的，上次穿错了。你看，颜色不一样。"张飞冷冷看了一眼，看到了那一截胶粘。他才不信。"你想把烂的换给我！"他说。他马上叫老师来告状。

"蔡小容，"王老师说，"你怎么这么坏呀？"

2001 年

爬竿

幼儿园里就有竿,但我们不能爬。进了小学,就必须爬竿了。

竿是几根粗大的毛竹,年深月久已经是褐黄色。它们在两棵大树之间竖立,向上擎天伸展,被上面打横的铁杆牢牢架在树冠上。仰头看,树冠如篷,阳光从树叶的缝隙中漏下,风轻轻地吹动树叶,阳光的金黄色斑点就在衣裙上晃荡。

上体育课,经常爬竿。我是爬不上去的。站在队伍里看身手矫健的毕务权爬竿——他的外号叫毕猴子——一声令下,他的双腿绞缠在竿上,双手交替向上攀缘,以不可思议的迅疾一下子到达竿顶,拍一下打横的铁杆,再哧溜溜滑下地。他滑得一定很舒服。没有几个人能够爬到顶,顶多爬一半,再慢慢滑下来;能爬到顶的也没有他这样的伶俐、飞速、痛快。

能爬一半的阮瑞波给我介绍经验:"你往手上吐点口水,就爬得上去了。"他示范,往手上吐好多唾沫,搓,然后把握住竹竿，努力向上。果然能够爬得高些，但也只一半。等他溜下来时，附上了他唾沫的竹竿的那个部位已经干了，有种怪不好闻的口水味，并且异常溜滑。他说："你试试。"我不愿意往手上吐口水，勉力爬了一下，不行。

但我后来却有了一个法子。爬的时候，不用双腿绞缠，而是脚心相对夹住竹竿，一用力，哈，腿一蹬就能往上一大截子！这样太好使劲了，整个身体这么容易地就被双腿向上输送。我越来越高，往下看，他们都在仰脸看我。竿的顶端竟然是可以达到的了！再一下，再一下，啊，我的手拍到了竿顶。不必再用劲，我往下溜了，长长的一段，我不是笔直溜下来的，而是身体绕着竿打了几个旋——我是不由自主的——我落了地。

自此我就会爬竿了，还能爬得很快，能跟人比赛。我本有些惭愧我这种爬竿的姿势不雅，但老师并没有指出，可见他是认可的，只要能爬上去。也有别的同学采用这种姿势，我在下面，看他们的腿并成菱形夹住竿，在爬的过程中菱形时而是方的，时而是扁的，时而又伸得极长。

"小容你不要爬竿，怕掉下来……"我去上学前，妈妈常这样说。她看到过我爬竿，很担心，但已经会爬竿的我，觉得牢靠得很。

2001 年

烈日下

下班铃响,车间里一阵涣散。纷纷收拾桌面,熄了台灯走掉。有几个人中午是不回家的,在食堂吃饭,继续享受车间里的冷气。那年头,有冷气的单位算很不错了。他们在墙壁的上方钉了一长溜木头箱子,便是冷气通过的管道。冷气从地底下上来,走到车间终端,从开口处出来。爸爸的桌子就在开口的下方。他是这样的人:别人说冷,他说热;别人说热,他说冷。他在风口处钉了块布,冷气把它吹得鼓蓬蓬的。

我和爸爸走出商店——他们的单位那时叫"曙光钟表商店"——街上的空气像着了火一般扑上来。太阳正当顶。人如潮涌,都是中午下班急匆匆去找饭吃的。我觉得身上痒痒的,像有小虫子在爬。我说:"爸爸,到处痒。"爸爸说:"痒回去洗澡呀。"走不几步就是我天天来光顾的冷饮店。那时的冷饮只有三个品种:冰水,粉红色的;酸梅汤,橘黄色的;绿豆汤,要粮票的。我真是爱喝那绿豆汤,曾经一天喝了三碗，导致泻肚。

回到家，爸爸先给我洗澡。从公用水龙头提一桶水回来，把大脚盆放在屋中央，我蹲在盆里面。先沾些许凉水轻轻洒在我心口，等那凉沁的震意辐射开，舒缓地被接纳，再放开来洗。真灵，一洗身上就不痒了，那些曾经的痒处都成为痱子。擦干水珠，拿粉扑扑。然后我就上床等着吃饭了。爸爸在外间厨房做饭，把厨房的门关一半，用小凳顶住，穿堂的风就拐弯往床上来了。

下午我睡一觉。妈妈傍晚的时候下班回来，做饭。吃了饭，洗澡，女人和小孩在屋里用大脚盆洗，男人们都在公用水池那儿洗。一层楼只一个水龙头，他们轮流，只带一只桶去，接了水，就在水池边的小空地上冲凉，个个都穿一条肥大的裤衩，边洗边跟人聊天。深蓝色的裤衩被冲得精湿，裤衩以外的地方他们都打上了肥皂，搓出丰富的泡沫。冲干净了，他们穿着精湿的裤衩回屋，再出来时已换上了干净裤衩。

有一天洗过澡后，太阳仍有余晖，淡金色地斜掠，我再到楼下去打个转儿。我们的五单元和四单元之间的一扇不常开的大门开着，我从中穿过，到了平时得绕好远才能到的一片空地。我很小的时候，妈妈还带我到这里来捡过煤渣，是这边食堂的锅炉房倾倒出来的。我看见一大截从树上断下来的枯枝，枝枝丫丫张得很大。这可以拿回去当柴烧，我想。

于是我抓住它的主干，一路把它拖回去。上楼梯的时候很困难，枝杈在两边的墙上划拉，拐弯的时候还划了我的胳膊。走廊里更不容易了，因为家家都搬出了竹床竹躺椅，摆在狭窄的走廊里。经过朱荔的家，朱荔的哥哥朱桦在屋里对我做鬼脸。我就要拖它进厨房了，爸爸一看就皱起眉头，用凌厉的声色命令我把它丢掉。再把它弄回去我可吃了千辛万苦！

朱荔的妈在太阳落山之前就往深灰的砖墙上泼了水降温。我们坐在竹椅上说话，摇着扇子，念一念挺流行的口诀："扇子有风，拿在手中；有人来借，等到秋冬。"或者猜谜语，猜中指，天黑下来的时候，讲讲鬼故事。有一个晚上，马路对面的市委楼顶放电影《闪闪的红星》，我们在走廊上依稀可以看见。唱的歌听得特别清楚："小小竹排向东流……"

晚上睡觉家家都不关门。爸爸在床边的房门口搭架子：大凳子、小凳子、搓衣板，拼成个七巧板的形状，象征性地防盗。开着门睡，穿堂风好大啊。有时没有风，妈妈整夜地给我们摇扇。

2001 年

王周勤

有人敲门,妈妈去开,渐开的门框出一幅忧郁落魄的人像。一看就老实巴交的面孔,有点像猩猩,眼睛深陷。他年轻时的脸模子一点没改变,只是头发花白,像是往年轻时的他兜头泼了一盆雪,他就成了现在这个样子,风霜满面。"王周勤,是你呀,好些年没见你了呢!"妈妈招呼他。

王周勤进来坐下,把手里一条烟放在桌上。他叙了近况,也是他的来意:他可能要下岗了。单位裁员,领导肯定是不想要他的。他想自己开个店,修表。但他一个人干不了,别人还是会欺负他,所以他想找我爸爸合伙。

妈妈简直不知道该怎么说他。"可是,老蔡病了呀。"我爸爸病了几年了,放疗化疗,每个月到单位去申请医药费,王周勤又不是不知道!

我爸在里屋睡觉,没起来。妈妈说:"不行呀。医院里经常有人塞表给他修,他修一个,就说头昏。有时候人家给个十块,不给他也不好意思要,他这人也一样不行的!"

王周勤告辞，妈妈让他把烟带走："老蔡这个病，哪里能抽烟！"他立即正色："你看不起我是不是？"快步地走出门，自己把门带上。妈妈拉开门继续把烟递给他，他脸上现出点怒容："你看不起我！"走了。

我爸从前就说过：谁都欺负王周勤。我爸就是个最会吃亏的人了，王周勤还想仰仗他。为什么欺负王周勤？因为他老实。因为他没用。因为他跛。

我爸爸从武大数学系毕业，全国的城市随他挑，他挑宜昌；各行各业随他选，他选钟表。而且，他不愿意修表，他愿意管材料。"这样上班可以看书。"他说。他看书经常被打断，车间里随时有人来领材料。修不了的表也来找他，都知道蔡师傅什么表都弄得好。

王周勤找我爸最勤，因为他技术不行。他们一天的量是八个表，他老得中午加班才能完成。他们个个伏在案上：小台灯亮着，表凑在灯下，右眼透过一个喇叭形的放大镜去看它的内部零件。他们个个用一个闹钟里的零件钢圈把放大镜箍在脑门上，不需要了，就往额头上一推。我爸爸不用钢圈，他直接用眼睛上下的肌肉夹住放大镜。他给王周勤讲：这里，这个问题。一边拿橡皮气球往他说的地方扑扑吹气。

王周勤填了领料单，跟趴在工作台边的我说话："喏，你把你的手按在这张纸上，我把你的手画下来，唔？"他看着他自己用圆珠笔画出来的我的手的轮廓，笑了。这么画出来的手特别呆滞，我直接画一只手都比这个有神。

有一天，挺热闹。单位要通冷气了。他们在墙壁的上方钉了一长溜木头箱子，便是冷气通过的管道。冷气从地底下上来，地底下是地道，我没去过。有些步骤需要有人到地底下去操作，他们为这个说了半天。最后，让王周勤下去。

大家一块儿出了车间，下楼梯。楼梯是露天的，它和墙的夹缝就是进地道的通道。一溜小伙子趴在楼梯的水泥栏杆上往夹缝里看，看王周勤下地道。他们个个身强力壮，笑嘻嘻的，指点王周勤。"王周勤，慢一点儿，这边这边！"王周勤侧着身子慢慢往里进。他本不是特别明显的跛脚现在特别明显了，使他特别不便。夹缝很窄，墙冰冷而粗糙。"我在这儿都觉得冷。"他说。当然了，要不怎么有冷气呢。夹缝地上有污水，还有平时扔下来的脏东西。他皱了眉，往上看，上面沿楼梯站成一队斜线的他的同事们，人头济济，欢天喜地。他们鼓励他往前走。"王周勤你暂时不慌着上来，好了我们叫你！"

王周勤上来的时候，脸上有些污泥，这使他神态委屈。他眉头皱着，眼睛里有些忧伤。他不能发作，对着这么笑着打趣他的同事们。不能伤了和气。但那点屈辱，内心里分明感到了。他们欺负他。他们都欺负他。

冷气通了。冷气从地底下上来，走到车间终端，从开口处出来。开口处钉的那块布被冷气吹得鼓蓬蓬的。四点了,收音机嘟过之后,又是"小朋友们,小喇叭开始广播啦。嗒嘀嗒,嗒嘀嗒,嗒嘀嗒,嗒,嗒!"大家照例笑这个调调。这个小收音机是王周勤的。他昨天刚买的,花了十元钱,今天喜滋滋带来了。

王周勤把它关了。他的声音有点愤怒。"以后就是我家里死了人,我也不把它带来了!"

大家为他这句毫无逻辑性的话而哈哈大笑。

第二天他还是把收音机带来了。听到下午四点钟的"小喇叭",他还是跟着唱:"嗒嘀嗒,嗒嘀嗒,嗒嘀嗒,嗒,嗒!"他又高兴了。我问他:"你昨天不是说你家里死了人都不带来的吗?"他笑了。

这是哪一年的事,不记得了。我对他的印象到此为止,断了将近二十年,直到他来敲我家的门。他竟然想找我生绝症的爸爸合伙开店,瞧这主意!他还上过一次门,为他女儿上学的事请我爸帮忙。除了修表,从来没人请我爸帮忙,我爸有什么门路?王周勤太弱小了,他求助无门才会来我家。

王周勤终于没下岗,听说他去了领导家求情。领导把扫地烧开水的老婆子辞了,把王周勤放到了那个位置上。王周勤从此不再修表,每天跛着腿扫地、烧开水。

去年我爸爸去世,葬礼上我见到了我小时候在车间玩天天见面的他的同事们。他们都已经快五十岁了,我一一跟他们握手表示感谢。王周勤也来了,他头发全白了。我叫他:"王叔叔——"他是个和气善良的人呀,我小时候老在他桌边玩儿……

2001 年

邻居们

(一) 王珩

我和爸爸在屋里吃午饭。门开着,阳光从走廊射进一个金三角。我们家四口人,只有一间房加一个小厨房。妈妈上班,中午不休息。妹妹上幼儿园。我上小学一年级。爸爸中午回来,做饭我们俩吃。

我听见一个异常的声响。没辨出是什么,爸爸猛地放下碗快步往外走。我跟了出去。一长条走廊里每一家都出来了人,奔到靠楼梯口王珩的家,聚拢在他们家门口。王珩的爸爸扑倒在厨房的地上,一把菜刀甩在旁边。我不明白发生了什么,听见朱荔的妈对我说了句"还把饭端到这儿来吃"。阳光下我碗里的饭干巴巴的,筷子无聊地拨拉。

王珩的爸爸把他自己的左手小指剁掉了。人们把他扶到床上躺下。有人去通知他的亲戚。爸爸把地上的菜刀捡起来,拿回我们家,插进床底下的柴火堆里。我很不愿意——

菜刀上还有凝固了一半的血。我说:"为什么要拿回来呀!"爸爸说:"免得他再砍呀!"

很快就有一个中年妇女来了,她是王珩的姨妈。她没有显得惊慌,和蔼地对每个人点头。有人陪她坐着,说话。其他人散去了。

王珩家是我们这一层楼里最气派的,有钱。王珩的爸爸会做木匠活儿,他家里全套新式锃亮的家具,都是他在楼梯口支个架子一样一样打出来的。他们家有电视机,但不欢迎小孩子去看。有时我们去看,不多久王珩的爸爸就说:"好,我们要睡觉了。"我们出来,他把门关上。朱荔和万卉把耳朵贴在他们门上听,再跑来报告:"他们还在看!"

但王珩的爸爸妈妈老吵架。吵凶了他妈妈就回娘家。这次她又回去了。有人看见他爸爸今天中午一个人在喝酒,开着门。那时我们干什么都开着门,谁都可以看见谁在屋里干什么。他喝的是白酒。各家都在做饭,忙。然后就听见他大叫一声。

他躺在床上昏迷的时候,嘴里叫的是王珩的名字。

第二天王珩的妈妈回来了。她烫了头,在门口低着头择菜。王珩的爸爸手用纱布包着。他俩又说话了。朱荔对我说悄悄话:"……关系搞好了。"我学给妈妈听,她笑:"哪这么快就搞好了。"

事情算是过去了。隔些时,在公共水龙头那里,还有人问王珩的爸爸:"你那天喝了多少酒?"

"二两。"他答。

他又做起木匠活来,在楼梯拐角那里支起架子,做了一张方桌,是帮走廊另一头周婆婆家做的。出事那天周婆婆张罗着去叫人、照顾、陪护。他做起事来说起话来,生活恢复正常,他们家吵架也少些了。

王珩的妈妈很年轻,但不和气。有一个晚上我很无聊,出来走。他们家门开着,我走进去,王珩妈一个人在打毛衣,不跟我讲话。我有点讪讪的,要是就这么走更无趣了。我碰掉了她的毛线团。她骂了我一句,嫌恶地。我走了。

我们后来陆续搬走了。好些年后她来找过我们一次,扛了一袋米来我们家。她不知是单位发了还是买错了粳稻米,不爱吃,记得我爸爸爱吃,就来找我们换。难为她还记得起这个,老邻居,这是她跟我们家打的唯一一次比较近的交道,在这么多年从无来往之后。她脸上有不少皱纹了,和气地同我笑:"长这么大了。"我当时十三四岁,想起从前的事,也有点明白她当年为什么心情不好了。

(二) 杜荫荫

住我们隔壁的女孩叫荫荫。她跟她外公外婆住,也跟他们姓杜。她没有爸爸,她妈是个疯子。她家有两间房,她妈整天待在里屋不出来。

荫荫有时对我很好,叫我进里屋玩。她妈坐在床沿,说:"来,来。"我走近,她用指甲掐我的大腿,然后"呵呵呵"笑了。我妹妹坐在门口吃花生,荫荫妈去公用水池倒洗脸水,又打回半盆,经过妹妹时冷不防兜头一泼。妹妹哭了,她笑不可抑。

荫荫说,她爸爸是个坏蛋,往她妈头顶捶了一拳,她妈就疯了,他则被枪毙了。而别人家的大人则说她爸爸是难得的好女婿,上门入赘,又热情又勤快,但杜婆婆不喜欢他,一天天逼女儿跟他离婚。婚离了,女儿疯了。荫荫的爸爸又结了婚。

杜婆婆是武汉人,常穿一身黑绸衣裤。老是听见她尖声叫:"荫荫,喝点水,不然肾结石!"她每天生火,总是把炉子提到我们家门口,浓烟往我们家直熏。她进家门前换鞋,把鞋底在我们家门前的栏杆上磕磕磕。当时水费是各家平摊的,杜婆婆在公共水龙头那儿一洗就没完没了,大家都说杜婆婆一条鱼冲得发白,一条抹布也搓得发白喽。

荫荫有时趁我们不在往我家门上吐口水。有时把我们晾在栏杆上的鞋扔到楼下去。有时又很友善,跟我换糖纸,也换别的东西。她有一个小玩具电话,我很羡慕。有一次我得了四个注射盒,就是装过针药的纸盒,里面一格一格,很好玩,这种盒子也很难得。荫荫想要,就同意跟我换小电话。几个盒子才能换呢？她比手势：三个。那我就只剩一个了——我很舍不得，但还是答应了，换了她的小电话。

我和荫荫后来在初中碰见过，她比我高两个年级，在校广播台当播音员。她在学校这个场域中有很好的表现，我还记得从前她上小学后，经常开着门读课文，读得绘声绘色，声情并茂的。听说那几年她被接到她爸爸家去住，性格有所变化，健康开朗多了。荫荫妈有一次在街上看见我妈，远远地招手："小张！小张！"她从前很胖，那时却已骨瘦如柴。她和我妈谈了一会，语气有点阴阳怪调，不过好像思维正常。不知道她以前是真疯了，还是跟她妈赌气，在里屋一待二十年。她和她父亲先后去世了。九十年代我听人说了一件惊人的事，说荫荫刚工作不久就出车祸死了。他们家就剩下杜婆婆一个人，我妈妈知道她大致住在哪里，我们有一次经过那一带还去找过她，没有找到。

（三）朱桦

朱桦是朱荔的哥哥。朱荔像她妈，胖；朱桦像他爸，瘦。他俩拿着煮熟的鸡蛋到我家来吃，朱荔一口一口地啃鸡蛋白，啃干净了把牙印斑斑的鸡蛋黄递给朱桦，再去拿第二个。

朱荔的妈凶巴巴的，一边做饭一边跟朱荔的爸爸吵架，一边吵架一边偷偷地笑——他在屋里，看不见；他是个老好人，不会生气。我妹妹有一天在走廊上一边踢正步一边喊："朱——荔的妈，是个大——胖——子！"妈妈连忙出来制止她，朱荔妈笑着说："我就是个大胖子嘛！"

朱荔的妈带我们一群小孩子上公园玩。我们去时吃冰棒，回来时又吃。冰棒有三种，水果的三分一根，豆沙的四分一根，牛奶的五分一根。我带了五分钱，来回吃了两根冰棒。

有一个星期天爸爸去钓鱼，妹妹病了，妈妈带她去看病。我一个人不敢待在屋里，站在走廊上往街上看。他们谁都不回来。天渐渐黑了，别家都点起了灯。我哭起来。朱荔的妈让我到她家吃饭，又给我洗澡。他们的澡盆比我们的大，水比我们的烫，她的动作也比妈妈毛糙。她一边洗一边数落我："你哭什么哭呀！"

有一天没什么人，朱桦跟我在走廊里捉迷藏。在楼梯口那块，他猛地向后一转，向相反的方向扑去。我来不及叫他就踩空，骨碌碌一直滚到楼梯底。那里放着渣滓盆，边缘都生锈磨尖了。他扯下蒙眼睛的布，抱着膝盖龇牙。他妈来骂他："看你还摸不摸！"他发狠回嘴："我要摸！"

去年春节我和妈妈妹妹去看朱桦的妈。她打开门——头发花白，完全是一个老人了。我说："韩妈妈，您还认得我不？我是小容呀！"隔一会，她笑了，让我们进去。朱桦的爸爸左眼白内障，动手术后反而完全看不见了。朱桦在深圳，朱荔已有了小孩子。

今年春节朱桦回来了，找到我们家里来。当时我在云南，他拿手机拨了号，让妈妈和我讲话。妈妈说朱桦人长胖了，特别懂事，在做生意。他得知我爸爸在住院，非要送给我们五百元钱。

(四) 张丽

张丽住在顶层四楼。她家房子特别，侧面的那一间比另一间高半层，小门悬在墙上，搭着一截木梯子。我最爱爬那截梯子，一，二，三，然后跨进内室，好玩极了！

张丽的妈是农村人，不在这边，她爸也很少在。她跟奶奶一起过，她奶奶每天出去捡垃圾。张丽长得也很像一个从垃圾堆里捡来的娃娃，脸很脏，老挂着两泡鼻涕。她奶奶叫她"张丽子"，我们也这样叫，觉得加这个"子"，她乡里人的味儿就出来了。

我喜欢去找张丽子玩。她奶奶用一口炒锅焖饭，炕熟了舀到碗里，底下的锅巴铲起来，用手捏成两个团，给张丽子吃，看着好香。她吃完了，我们进那小阁楼，开始玩"飞转转"。她拿出许多废纸，我们把它们撕成长条，每一条上面撕开，下面搓成棍，从窗户放出去，看它们打着旋往下落，像降落伞。这是张丽子的发明。我们玩得非常快乐。

有一次张丽子给我看她的娃娃。它本来是她奶奶捡来的一个破娃娃,脸不知是什么做的,非常硬,结果张丽子不小心把它从四楼窗户掉了下去。她去捡起来,它成了现在这个样子——额头、脸颊、鼻头上尽是坑,露出里面的水泥,蓬头垢面,它却还那么天真无邪地睁大眼睛微笑着。我从未见过那样滑稽的脸!我们笑得气都喘不上来。张丽子猛吸一下鼻涕,又笑。

等她隔壁的江海波阴恻恻地进来,我们就玩不成了。江海波比我们大两三岁,他家和张丽子家关系很好。他总是很仇视我似的,阴险地盯着我说这样的话:"你们家就是穷。哪有你这样没有用的人。人家张丽子的奶奶捡了垃圾还分给我们家一些,你们呢?……"我听了非常痛苦,低着头,不说话。他不在的时候,张丽子很同情我,当他的面她也不敢说什么,陪我一块情绪低落。江不在的时候,她安慰过我:"我跟他说一下,叫他不说你。"

江海波很狡猾。妈妈要带妹妹去看病,不放心我一个人,叫我跟他们一起玩。我不愿意,又说不出我的痛苦。江海波当着妈妈的面,和颜悦色地招呼我:"来呀!"妈妈走了,他又开始说恶毒的话。或者进行军训,列队齐步走,从楼上到楼下,再从楼下到楼上。他让张丽子当他的副手,不必走,帮他喊口令。他尤其要我一个人单独出列,立正,稍息,走,老是走。我累极了,还得走。第二天也是一样。

我恨江海波。

我想念张丽子。

（五）杨文亚

杨文亚住在走廊那一边的顶头。他三十多岁，结过好几次婚，这在七十年代是了不得的。他的婚姻都很短，所以他常常独身。他母亲和他住一起。

杨文亚经常被公安局抓去，过一阵才放出来。说他"作风有问题"。据朱桦讲，有一次他被抓是因为毛主席逝世他在家拉小提琴。

他又要结婚了，找的是个农村姑娘，城市姑娘没人愿嫁给他。那天我听见鞭炮声，说："是死了人吧？"朱荔白我一眼："人家结婚，你说死人；人家死人你又说结婚！"

他这一次该是把婚结定了，请我们吃过喜糖后他母亲放心地死了。可不久杨文亚老婆从三楼摔下去了。搞不清怎么摔下去的，公安局又把他抓了去。他说是她自己掉下去的。老婆被送到医院，救醒了听证词，是他推的。他被判了三年；但她愿意等他。他出来了，她给他生了个儿子。他终于不再结婚了。

杨文亚家里有一架琴，一个石膏像。他曾给我们小孩子照相，我和我妹妹的两张都极好，是童年的珍贵纪念。

前几年我在街上骑车,迎面一个男人骑车过来,我一眼认出他是杨文亚。他长相没变,就是老了。他看见我,似有所忆,眼睛直直地朝我看过来。

2000 年

摸鱼儿

当年吸引我做无穷探索、给我无限新鲜心情的地方，是公园。从小学走回家，如果花两分钱从公园穿过，就近多了，并且可以在里面采撷树叶。普通不知名的树的叶子，锯齿形的边缘，发散状的叶脉归拢为短的茎，柔嫩或滑溜的叶面，深浅不一的绿，都非常可爱。春天在哪里呀？春天在这里。

那天中午，我和李蒙快走到那条小河边的时候，远远看见我们的同班同学郑肖和俞志芸。春天刚到，河边排列的垂柳，枝条上吐出密密的嫩黄的芽，柳树烟含雾罩般袅娜着。她俩蹲在那儿干什么呢？

郑肖看见我们了，对我们招手。我们奔过去——呀，她俩在用喝水的杯子舀鱼呢。好小的鱼呀，大概才生出来吧。它们密密麻麻地在水中窜游，因为太多，一舀总能舀到好几条。我和李蒙也拿出杯子来舀，发出欢声。

这时一个拖着鼻涕、年纪和我们相仿的男孩跑过来。他是守门人的儿子。"你们在这里摸鱼!"他喊,怒气冲冲地瞧着我们。我把鱼倒回河里。他走回公园大门那边去,大概是要去报告。我们商量了一阵,决定不怕他。郑肖还是宝贝似的捧着她那一杯鱼。我们往外走的时候,那男孩站在铁门上,手握着铁门的栅栏,对我们怒目而视。

下午上第一节课之前,李老师把我叫到教室外的树下。"你们中午在公园里摸鱼了吧?"她问。我心突地一跳,难道公园把状告到学校来了?"郑肖的爸爸给我写了条子,说了情况。你是副班长……"往往,要挨批评才知道什么事是不能做的,一不小心,就犯了错。我低头看自己的红领巾,妈妈才给我做的花衣裳也显得难堪了。

当天我们四个的作业本上都有一行刺目的红字:"今天中午为什么在公园里摸鱼?"要家长签意见。我回家,心事重重。爸爸要是知道我下河摸鱼一定会声调提高,不是为了老师批评,而是怕我掉进河里。我在小饭桌上写作业,爸爸在对面看书。我拿手挡着那一行字,一年级的小学生尽力模仿大人的草书:"我一定好好教育孩子……"我爸爸肯定不会写出这种句子,我给他写也不会符合老师的要求,过不了关。爸爸说:"你在写什么,写好了给我看看。"我说:"没有什么。"把本子收进书包,上床睡了。

第二天李老师又找我:"你本子上的字是谁写的?"我略一踌躇,说:"我爸爸。"她说:"不像你爸爸的字。"我说不出话，想改口也不行了。过一会儿，她说："你去吧。"我等着她再找我，她却没再提这事了。

那是1979年3月间的事。

升初中后我写作文写了这件事，老师在课堂上读了，说语言流畅，只是缺乏主题——我到底想说明什么呢？我到现在也答不上来，只觉得有种令我怀念的情韵。七岁的某一天发生的事，无主题而有生活：初春，柳树，小河，摸鱼儿。偶一欢畅，即以惴惴不安作了代价。事情的一部分是我不知道的，我那天晚上睡觉之后，爸爸没有翻看我的作业本吗？他真的不知道这件事吗？

2000年

堂前燕

饶红燕跟着李老师进教室,被李老师介绍给我们:"这是新转来的同学,饶红燕。"她穿件很好看的粉红色毛衣,腰以上织出一层层的大V字花纹,延伸到肩臂。这复杂而洋气的式样我没见过,我觉得和她的名字很相配。我小时候喜欢艳丽的颜色,谁的衣裳艳丽我就觉得谁好看。

饶红燕被引领到我的后排坐下,那是最后一排。她说:"老师我看不见。"她说的是普通话。我们只有上课发言才说普通话。李老师让我跟她换了,其实她比我高一点。

她一坐下就合适了。把文具盒、书拿出来放到桌上,书包塞进桌肚,对同桌的杨茂丰一笑。她的头发是烫过的,但学校管不了,因为她烫了头才转学来。

上课铃响,李老师开始上语文课。小学语文经常有一项练习:"有感情地朗读课文。"什么叫有感情地朗读?老师示范:"下、雨了,小郭——站在大树下……"语调一高一低,别扭地顿挫,声音放尖放细。这是容易模仿的,我们都掌握了。我在家这样读课文，我爸听得骇笑，说真受不了："你们老师教你们这样读书么？"我们在课堂上这样读书，就受表扬。有一次李老师点我跟杨茂丰分角色朗读。杨茂丰的嗓音非常尖，男生只有他一个人能尖到这种程度，我俩配合默契。完了李老师充满感情地说："他们俩读得，好哇！"

我跟杨茂丰挺要好。下了课，我们挽着手在操场上玩，看高年级的学生投篮。一天放了学，他带我去他家，其实是他奶奶家，摸索着上了完全没有光线的木楼梯，在狭窄的阁楼里玩到天快黑。那时我不懂为什么他住他奶奶家，他自己大概也不懂，乐呵呵的。几年后我们才知道，他爸妈一直在闹离婚。小学快毕业的时候市报上登了篇关于杨茂丰的报道，描述他的被遗弃，以及他父母的不负责任。

下课了，饶红燕转过来面朝我坐着说话。她看我的文具盒，也拿她的文具盒来给我看：里面有个小镜子。她专注地照了照。她的脸形是一个规整的椭圆。我在杂志上看到过：脸形以椭圆为佳。这使我暗暗羡慕，她长了这么一张标准的脸。

"从前在我们那个学校啊，大家都叫我'饶命'！"饶红燕说。她很得意于她自己的姓。

"饶命？"杨茂丰回过头来笑。他不知是反问、嘲笑，还是叫她。可能是后者，因为他对女生的敌意很少。

坐我右边的是冯晖。他是留级生，很让老师头疼。自从我跟他坐，每天都受他的重拳和细掐——他用指甲尽量掐住最细的皮肉。他还把五根手指都涂满圆珠笔油，抹在我衣服上。他永远拖着两条脓鼻涕，这最让我怕他。我当然不愿意跟他坐，我想跟杨茂丰坐。

杨茂丰和饶红燕要好起来。我每天看见他们各四分之一的侧脸，他俩就这样朝彼此侧过四分之一的脸说话，上课也说下课也说。有一天他俩讲得笑眯眯，引得讲台上的李老师发话了："哎唷，看饶红燕和杨茂丰，讲得几亲热哟！"他俩才稍做收敛，给我看两个完整的后脑勺了。

这天中午放了学，该我们四个做清洁。冯晖照例提了一桶水就跑掉了。我们把凳子搬到课桌上，洒水，扫地。灰尘弥漫，狼藉一片。饶红燕慢腾腾扫了一个组，靠在墙边站了一会儿，走了。杨茂丰当即也要跟她一起走，他快快地收拾书包。我吓坏了，地没有扫完要挨批评只是一项，我怕的是只剩下我一个人在这里。正午，空旷的正午不知道为什么那么可怕，我领略过，恐怖至极。我急得喊："杨茂丰，别走，等我一下！"他不理。他平时的友善全没了，他不理，他不答，他不看我，现出一种雏形的、属于男性的翻脸无情。他很快跑出教室，转眼就不见了。我跑到教室门口。教室里是昏暗的，教室外是明亮的，操场上一疙瘩一疙瘩的黄泥土，白花花的太阳当顶照着，树静悄悄立着……没有一个人。没有一个人。正午。学校里只有我自己,连蝉都不叫了。我吓得慌得几乎昏晕了过去。

下午,挨批评的是我。因为我没把清洁做完,因为我是副班长。

这天下课了,我和饶红燕在树下玩。她突然把我的胳膊扭到背后,不肯放开。她得意地问我:"投不投降?"我的胳膊酸痛,这时上课铃响了。所有人都跑进教室。我说:"上课了!"她不肯放,仍旧问我:"投不投降?"教数学的张老师已经等在教室门口,她的眼睛厌恶地瞪着我。她瞪着我因为我是副班长,我不敢违抗上课铃因为我是好学生,饶红燕不理会上课铃她也不会受批评、受这样的瞪视。我只好说:"投降。"她放了我,进教室后对杨茂丰说个没完:"她投降了!投降了!"从此我恨她。

下雨的一个下午,饶红燕的爸妈来给她送伞。她妈妈在窗外叫她:"燕子!"她便像一只燕子一样掠了出去。不管谁的家长来都不用昵称叫孩子,都顺着学校的规矩,完整地叫学名。我妈妈有一次来,在门口问老师:"小容呢?"让我非常羞愧。可饶红燕就这样公然地答应,不顾纪律地冲了出去。而老师,并没有管,默认了她这个"燕子"。

饶红燕的爸妈都是文工团的。我们几个撑着小伞走在她爸妈的后面,有人说:"饶红燕,你妈妈真年轻。"她说:"我妈妈可漂亮了。"她爸妈一人撑一把伞,边走边侧过四分之一的脸交谈,像电影里高雅的男女。路面湿漉漉的,映出我们的倒影,我穿着别人穿过送我的旧雨鞋,踩着水中的影子。

我对妈妈说:"饶红燕很讨厌,可是她长得好看。"饶红燕有一张敬队礼的照片,放大了挂在文化宫的橱窗里,我看到了,这大概是她爸妈送去的,照片的题目叫《小学生》。我指给妈妈看。小学时的一张合影还在,我拿出来看了——其实,她并不好看。小时候我不知道,我以为穿旧衣服的我是丑的,我嫉妒饶红燕的好看。饶红燕不是好看,是一种本质上的妖娆。不知道自小妖娆的女孩子是天生的还是学习得来的。照片上的饶红燕头上绑着一根红绸,勒在刘海之上。我记得那根红绸,紫红的,艳丽之极,老师为此批评过她,说她打扮得不像个学生。她当时脸色也沉了,手指在桌上交错了一番,但她的神情,并不认为自己有什么不正确。

饶红燕有时很会装腔作势。在下课时间的乱糟糟里,她说话说得好好的,突然将脸色一变,做出大惊失色状:"啊——要出事了!这风不对头……"她把食指抵在嘴唇边,仿佛在思索天地玄机。我嗤了一声,她也撑不住了,就笑。然后一本正经地教我:"告诉你一个窍门。地震的时候啊,你躲在厕所里。因为厕所里的砖结实些。"

有一天,冯晖说:"你们女的,长大了都要生儿。"他是对我们几个女生说的。我们简直不相信他会说出这么猥亵的话。他还得意扬扬地两手交抱在胸前，作扭捏的育儿状。饶红燕侧头看着他，嘴微张，迸出一句话："那要等结婚。"结婚！我们哪里敢说这两个字呢，在学校里？

饶红燕真的"结婚"了，在公园里，跟杨茂丰。他们是怎么商量办事的我不知道，总之叫了一帮人去公园，办了婚礼。是李老师在班上讲我们才知道的："饶红燕和杨茂丰在公园里结婚，以为我不知道吗？"——我们笑个死。这件事，老师也只好当笑话讲了，怎么个追究法？

有一个镜头我一直记得，它使我的心有点软。暑假里有几次课外小组活动，我按时到了美术小组，没有人来。我一个人画了一幅《哪吒闹海》，哪吒自刎的那幅。然后我就在室外沙坑里玩沙。远远地，有人叫我："蔡——小——容——！"是饶红燕，兴高采烈地朝我跑过来，她那么高兴见到我。她奔跑的镜头一直留在我记忆中：穿着短裙，烫过的短发向后飞扬。我的心每逢这镜头晃过就很柔软，忘了她的讨厌，忘了我对她的敌意。虽然我也并没有对她不好过。

我常想，我小学里的那么多同学都到哪里去了。他们中的大多数都应该还在小城里生活，怎么这么多年都没碰到过呢？或者他们都长变了，叫我认不出来了？

几年前，我还在读大学，寒假回家，在小城的街头看到一对男女，都穿着棕色的皮服，那个年轻女人妆化得很艳丽，蹬着高帮皮靴，我觉得她就是饶红燕。长相虽然看不清楚，她那个"味儿"我觉得错不了，就是她。

2001 年

悟空

再没见过这么露骨的名字：毕务权。他父母一生的境遇与希冀昭然若揭。

他是我的小学同学。他一点也不想"务权"。他是被老师划定为"差生"的人，名字挂黑板、分数亮红灯是家常便饭。他不像一般的差生那样长得獐头鼠目，而是相当漂亮：细窄脸，高鼻梁，眉清目秀齿白唇红。他妈妈跟他长得一模一样却不漂亮，大概那张脸是男性模式，棱角刚硬锋利了些。他妈妈是另一所小学的体育老师，对小学规矩熟门熟路，跟班主任十分配合，恨铁不成钢。每次她来，班主任必定对她历数他的种种劣迹，他妈妈咬牙切齿，每听一句就扇他凌厉的耳光，再把他的耳朵旋扭一个更大的弧度。他白皙的脸通红，两只耳朵红得更要出血，快被拧断了。他笔直地站在那里，涕泗纵横，冤屈冲天却不辩一言。

他的所谓劣迹都是一个孩童的正常情态：上课讲小话、嬉笑、闹，把手搁在桌肚里窸窸窣窣玩玩意儿。他极会玩。

一天下课时——下课时间只十分钟，为什么小学里的我们能玩得多姿多彩亢奋欢乐呢——窗外有什么惊天动地的事情发生了，从窗户望出去，只见一长串队伍在奔跑，领头的是毕务权，他左手倒提一只死猫，是也从垃圾堆捡来的，右手拎一根树枝棒，敲锣一样地敲它。所有认识他的男孩全跟在他后面欢呼，队伍声势浩大地满校园绕圈子游行。哔！这场面空前绝后，由毕务权带动，这么长的队伍大家心甘情愿跟着他，没跟着的也站住围观，大家都乐疯了。事后毕务权当然被请进办公室。他娱乐了大伙儿，然后独自去受罚。他站在老师面前，毕恭毕敬垂首聆听，等到一被释放，他又喜笑颜开，即刻忘了这事，抱着个球跑掉了。

他极瘦，灵巧非凡。爬竿三两下就蹿到竿顶，再哧溜溜滑下地，像极了一只猴。都叫他猴子。小学里学习差的学生往往擅长体育，这原理像个跷跷板。开运动会时大家挤在跑道旁拼命喊："猴子，加油！猴子，加油！"——看他风驰电掣地跑第一。对于其他差生，运动会是扬眉吐气的时候，而他不是。他从来都是快乐的、被人前呼后拥的无冕之王。

毕务权是条好汉。跟其他那些无赖的、没用的、恃强凌弱的、讨厌碍眼的差生完全不同，他乐天，正直，讲义气，光明磊落。这些品性，大约源自他的天性、家教，还有七十年代大行其道的《西游》《说唐》《杨家将》等小人书帮助培育了它们，使他长成这样一个我记忆中最可爱的小学同学。

升初中他仍和我同班。老师让我记自习课讲话的人的名字，我每每记下他，他挨训却不生我的气。只有一次他生气了，因为我冤枉了他。他当着全班和老师站在那里对我吼："我没有！"这件事情就一直硌在我心里。

后来他去读技校，我碰见过他一次，他骑车从后面来，叫着我的名字下了车，陪我走了一段。他长大了，举止比前稳重，依旧眉清目秀而添了俊朗和轩昂。我问他谈了女朋友没有，他说有了，有点腼腆。他看上去挺懂事。其实他从小就很懂事。

再没见过他了。有人说他看到了我这篇文章。我1999年写这篇文章时还猜，不知他后来在哪里上班，做着什么样的工作。不管干什么，他应该过得不错，他那样聪明能干的一个人，从前在学校里是缚手缚脚，挣脱了就会充分施展。他像个孙悟空。我小时候模糊有这感觉，许多年后才突然明晰：他多像孙悟空啊！

1999 年

"汤司令到——"

放学妈妈来接我时,我指给她看我们的班长王琦,我在家说他"很漂亮"。妈妈说:"不漂亮呀?"王琦挺胖,笑起来眼睛一眯缝。我改口说:"我说的不是他,是副班长——"

副班长是汤轩,他倒真称得上漂亮。肤色微黑,相貌端正,很有"派"——他那么小就很有派,像个领袖,遇事微微一笑,自有办法。他有一身海军服,还有海军帽,穿戴起来,和他极相衬。"汤司令",大伙儿这么叫他,姓汤的人外号就叫汤司令,这外号给他特别正确,他来了,就有拥趸们捧场的吆喝:"汤司令到——"

小学一年级的班长,是出于某种契机由老师指定的,因为一入学就得有个班长,老师第一眼看着谁好,先让他当着;副班长就有时间选拔了,开学了一阵子,老师看人看得比较清,选的人肯定是很聪明能干的。这道理我当时自然不懂,我的天性属于顺民,对老师指定的班长、副班长,都有仰视之情。而不多久我就成了汤轩的后任,从那之后一直沿袭。我跟汤轩一直关系比较好,大约有这个原因,或者是与此相关的原因:都成绩好,都爱画画,都在班上负责某些事情。有一回我们都被选为优秀学生,到市里去开表彰大会。在那里,一位五十多岁的女老师热情洋溢,她伸开双臂,一边一个把我和汤轩搂在怀里,说:"你们都是我的好学生哪!"她搂得很紧,久久不放,还小小地转起了圈子。我从来没碰到过如此热情的老师,有点别扭,又不能挣脱开,只能陪同她抒发情感。我和汤轩被卡在她一左一右的怀抱,四目相对,我从他的眼神知道,他的感受与我完全相同。

这大约是二年级或三年级的事。我要写的,是四年级的事。

那天下午放学后,我和汤轩到一个邮电部门的大厅去玩,我带着我的集邮册。我的集邮开始于三年级的暑假,我随妈妈回广东探亲,广州的小表舅(他当时也只十六七岁)送给我许多邮票,还带我到南方大厦买了这本集邮册。我回来以后,就把家里所有的信封上的邮票都收集了,一张张剪下来,泡水,剥离,晾干,入册。我家有不少好邮票,因为有一些香港、印尼和马来西亚的来信。外国邮票很漂亮,色彩艳丽,和中国邮票的素雅很不一样,那些外国文字,也像一种花边装饰。香港邮票是各种颜色的女王侧面头像,红的,蓝的,紫的。我认为最特别的是小表舅送给我的两张日本邮票:大长方形,纯白色,没有图案,只是红色的波浪形邮戳，旁边有仿佛是篆体的"日本邮票"字样。等我长大到有逻辑思考能力之后，我想它们可能并不是邮票，而是某种邮品，不然它们也不会留下来，在经过了我将要讲的事情之后。我的集邮知识并不多，邮票于我，只是一种好看的小纸片。

那天我和汤轩去那个大厅，是为了找人交换邮票。交换邮票是集邮的一项活动。集邮爱好者把自己重复的邮票，跟人换取需要的邮票。我知道这个，但我带去的并非重复多余的邮票，而是我的全部邮票。我愿意把我的集邮册给人看，本来我也是去玩的，如果真要换，也是玩。我看了一圈别人的邮票，又看过了柜台里展示的新上市邮票，准备离开时，有人从后面拍了拍我的肩膀。

是一位五六十岁的老者。他郑重地看着我。

"要换邮票吗？"他问。

"是的。"我答道。

"好，我们到这边来坐。"

他走到一张玻璃桌子前，坐下来，并请我坐在他对面。他把裹在大衣里的他的集邮册拿出来放在面前，我也把我的集邮册放在面前。这场面摆开了，大厅里其他交换邮票的人，渐渐都围拢过来。

"让我看看你的邮票。"老者说。

他把我的集邮册拿了过去。

"你也看看我的。"他说。

于是我就看他的。

场面集中于他看我的集邮册。他看，围观的人也在旁边看。我的集邮册，内容真的很丰富，那丰富超过了我的知识掌握。我只知道我有些外国邮票，那是公认的好邮票，围观的人们也都是懂的，他们无声地欣赏着。

"我来跟你换邮票。你可以要我的，我也可以要你的，一张换一张，对吧？"老头儿说。

我点点头。

"好，你先挑。"他说。

我翻着他的集邮册，不知道挑哪张好。他的邮票很多，这还是他重复多余的一本。我甚至不记得我挑了张什么邮票，反正是中国的，图案让我比较喜欢的，但不是非常喜欢，否则我会记得是哪张。

"好。"老头大方地说，"现在我挑一张你的。"他用镊子，夹去了我册子里的一张外国邮票。

第二回合，也是这样。我坐在了一个我从未体验过的场面中央，被众目睽睽，被长辈指导，被抽去了思考。只能按规矩行事，他挑一张，我挑一张。我忘记交代一句了，汤轩坐在我身边，他和我一起坐在老头的对面。

我还是挑了一张中国邮票，老头还是挑了一张外国邮票。

"这是她自己挑的，对吧？都是按规矩来的，是吧？"

老头对围观的人们说。他看了他们一圈。人们没有异议，只是围过来的人越来越多，大厅里的人都聚集拢来了。

老头再次拈走我的一张好票之后，人们非常沉默，屏住了呼吸看我再怎么挑。我更不知道该怎么挑了。我怎么挑都是他富余的，他怎么挑都是我孤本的。他挑我哪张我都得答应，不能说不，因为他的全本也都任我挑，他决不说不，老头一再强调这一点，给在场的所有人听。

汤轩低声给我一些暗示。他的暗示都是根据集邮的常识来的，哪张更好，哪张更珍稀，哪张更有价值。我听着，但没怎么听进去。我在关键时刻容易心不在焉，在常识问题上总是犯白痴。我甚至在如此严峻的局势中完全不忧虑——有这么多人在替我忧虑呢，我跟着我头脑中旁逸斜出的念头走了。

众望所归，我出手了。我挑了一张国产的、我觉得还比较别致的邮票。我决不崇洋媚外，我一定要爱中国——我心里就是这么想的，一付诸实践果然惊世骇俗。

人群爆发出一声惋惜的感叹！观棋不语真君子，他们再是不加评论，这声强烈的感叹也是最明显的表达了。我抬头看看他们，八十年代初的他们，男女老少，他们淳朴的、道德的脸上，写满了惋惜与同情。

老头在如此的世道人心中依然风度不改。"这是她自己挑的，对吧？我所有的邮票都任她挑，是不是？"他说给所有的人听。大家都没话说,既然我自己要这么挑,谁还有话说?

汤轩的脸涨得通红。他不再跟我低语了。从这时起,我退到了局外,由他来替我与老头对垒。

我就真成了个局外人,看红脸的汤轩一来一往地跟老头交易。他动用了他所有的邮票知识,尽力择优而取。他显然是比我要难度大的对手,但依然不在老头心上,只是汤轩上场,局面比我在那里要正常得多。

我们怎么赢得了呢。本来基础就不对,谁让我把全部家当都带去跟人交换的?全然不知珍惜,想法又出奇。我们怎么对付得了那个老头啊。在完全不对等的交易中,他时时不忘向众人展示这交易的公平——他是讲规矩的,是吗,大家有眼都看得见。我不记得事情怎么结束的,反正老头收获颇丰,我别的不记得,只记得我最难得的一张有年头的外国邮票也被他挑走了。

老头走了,人群散了。回家的路上,汤轩气得不想跟我讲话。

"他拿你最好的,你挑那么一张!"他只说了这么一句,其余的表达都在他神态上了。

我却是一副仿佛这些邮票都不是我的样子。

当时我没心没肺,却也模糊知道是怎么回事。这件事情,多年来一直在我心里,一年年过去,它慢慢清晰起来,它的意义逐渐凸显出来。

不是为了邮票。即使在若干年后,我对那些邮票也没有特别地惋惜。"小容的邮票,都给人骗走了。"这是后来我从妈妈那里听来的我爸的评论。当年糊涂的我,并没把事情讲清楚,可是,还用得着讲么,我爸一看不就知道是怎么回事。倘若当时他在场,而在场的女孩又不是我的话,他肯定会排众而出打抱不平:"你欺负小孩子!"他会指斥老头,叫停不公平交易;而假设就是我,就是那真实情况正在发生,我爸又正好路过,他说不定就旁观冷笑,以此给我一个终生的教训。我和我爸天生一个德行,不知道自己怀中有奇珍,随随便便就给人了。所失何止那几张邮票?

在我心里逐渐深刻而清晰的是当年那个男孩子的作为——他像个堂·吉诃德一样,于危急中慨然上阵,竭力想挽回同伴女生的荒谬败局。那年我十岁,他也十岁。他是个小男子汉!一个老头子,一个小女生。如果说他是在骗她,她则是完美地在配合他的骗,把戏演得如此精彩。什么局面,所有人都看得清清楚楚,他们的注目与感叹,都是在鞭笞汤轩的脸。这女生是跟汤轩一起的,他不出手谁出手?他与那老头儿对阵,不仅是要维护朋友的利益,也是在维护孩子的尊严!

最可恶的是,我还那么事不关己似的。故而所有的压力都集中在他一个人身上,要等多年后我自己身处同样的情境时才明白。

他虽气,也只说了那么一句。后来我和他都再没提过这事。十岁的他真像个爷们儿,绝不多话,事情过了就算。

我们初中还在同一个学校,高中不在了。大学,他好像是在和我共一个山头的大学?又好像不是,我记不清了。反正在十七八岁的年纪,我和他碰到过一次,他带着笑意点个头:

"还好唦?"

彼此是知根知底的老熟人,多少年不见也是熟得很的感觉,三秋不见如隔一日。他这声招呼和自然而然的神态,都是他上小学时就有了的。他好像天生就对人情世故有所领悟,他很有这种能力,会做人,肯来事,神气。他从小就是汤司令。

2012年9月2日—4日

钥匙

"妈妈，我当了副班长啦！"

多少年后，我妈都记得那天的情景：她走进小学，正好我从操场那边的教室出来，我一看见她，就大声喊着这句话向她飞跑过来。我也记得那天的情景，因为我妈妈的复述，它在我脑海中就以我妈妈的视角呈现了：一年级的小女孩，高兴地喊着这句话，飞跑着穿过操场。

刚进小学时，我们的班长是王琦。王琦总是被他的一大家子人围绕，他的爷爷奶奶、爸爸妈妈、哥哥姐姐，围着他教给他好多事情，所以他什么都知道。我们班第一批入队的是我和王琦，入队前要填表，我中午在家自己填了。"你为什么要加入少先队组织？"我填："因为加入少先队光荣。"王琦说："不是这样填的！"他给我看他的："因为少先队是中国共产党领导的，红领巾是红旗的一角，是革命先烈的鲜血染成……"

老师注意到我是在入学第一次单元听写之后。我全写对了。从此我的名字，就经常被老师点到和说到。只要用到笔，我就会脱颖而出，就像开学第二天，早上我同桌的男孩伙着周围的几个人起哄说我"迟到了，迟到了"，我抹着眼泪背着书包跑出了学校；而当天下午的美术课，他们全都乖了，我很快就画好，他们几个老画不成，拿橡皮不停地擦，我的同桌不时地看看我的画，嘴里嘟哝"好行啊，好行啊"。我的笔就是我的倚靠，我的宿命，希望我早些知道。

我喜欢写字，喜欢看书。放学回家，如果妈妈还没回来，我就坐在家门口的地上，拿膝盖当桌子，拿铅笔盒垫着本子，写作业，妈妈回来我已写完了。某个星期天，我得到期盼已久的一本笔记本，就把我喜欢的课文《蓝树叶》工工整整抄写了一遍。学习就是我的娱乐，我怎能不是好学生呢。

所以不多久我就是副班长了。我的快乐就定格在记忆中那幅画里，画里带着风。我成了得到老师最佳肯定的人，成了我自己希望成为的人。

二年级，一项任务落到了我头上：管我们班教室的钥匙。

管钥匙，就是中午放学后锁门，下午上学来开门。这项差事要么交给班长，要么交给副班长，最先是王琦管，然后是我的前任汤轩管。为什么王琦不管了，是因为有一次他迟到了；钥匙又从汤轩手上转到我手里，是因为他也有一次迟到了。全班人都等在教室外进不了门，直到李老师都来了，汤轩才匆匆赶到，从他的裤兜里掏出钥匙。一向潇洒的汤轩,鼻尖上都沁着汗珠,神情尴尬,他一副午觉刚睡醒的样子。李老师不留情,在接过他递过来的钥匙打开门之后,当场把钥匙交给了我:"蔡小容,你管!"我当时心里有点小得意,随即就发现这是项苦差事。

中午放学了,有几个人总不肯走。他们都住在小学附近,几步路的距离,家里也都有爷爷奶奶给他们做饭,饭在家等他们,他们就是不急着回家。还有那个留级到我们班来的男生黎有红——他这上的是第三个二年级了,他也留下不走,他好像中午本来也没什么地方可去。他们就在教室里聊天,玩儿。他们不走,我就不能锁门,我就走不了。

"你们快走呀。"我催。

"我们在做作业。"周娜娜说。中午哪有作业?她把作业本摊在桌上,和黎有红说话。其他人也各说各的,都不理我。

我只好等。其实我等不得,我家里没有爷爷奶奶,中午只有爸爸下班赶回家做饭,时间很紧。到了秋冬季,就更紧,他下午一点钟就要上班。我每天中午久久不回,使他非常焦躁,我好不容易回到家先挨他的训。他在家等我,我在学校等那些同学走,可他们就是不肯走。他们玩到一点钟回家都行,反正几分钟就到家,奇怪的是他们的家长也都不着急,没见他们来学校催过。

有一天,肯定是快一点钟了,因为我爸爸到学校来了。他咆哮着把家里钥匙丢给我,再赶去上班。"你怎么还不回来！你在干什么！"他狂怒，音量巨大。他其实知道原因，但他只是冲我来，不冲别人。他也没想过只用百分之一的音量，找班主任谈一下，立即就可以解决问题。

如此的夹攻，第二天我在教室里等得哭了。我求他们快走："你们走吧！快走吧！我爸爸都要上班了！"

他们依旧说笑，我这样完全无效。我看到笑嘻嘻的黎有红，想到他中午不回家，我去就求他："你帮我锁门好不好？"

他答应了。我满怀感激地把教室钥匙给他，擦干眼泪往家跑。我跑回家，也得十几分钟呢。常常是，爸爸已经走了，桌上留着饭，我吃了再锁好家里的门上学去。下午教室的门也该我早点去开，我还怕黎有红会不会没锁门。

我开始羡慕王琦和汤轩，他们只管了一小段时间的钥匙，因为一次小错就不再管了。假如我也迟到一次……可是，我有犯错的胆量么？

冬天来了。那天早上，起床开门看见下大雪了，雪还在下。我撑起妈妈的大伞去上学。漫天鹅毛，满地厚毯，一踩一个脚印。我在这个新奇的世界里走路，到了学校，一摸裤袋，坏了——我身上是才换的一条裤子，钥匙，忘在昨天的裤子口袋里了。

我转身往家里飞跑。银白世界，我顾不上看了，也不是刚才的感觉了。我跑啊跑，跑到家楼下，连伞都来不及收，扛着跑上楼，大伞宽大，擦刮着楼梯、走廊的两边墙壁。那天正巧妈妈轮休在家里，她还没起床，我把满腔的委屈急迫烦躁都发泄到她头上。她倒是很高兴我又回来了，又看到我了，她笑着帮我把帽子戴好，系好带子。我不耐烦地挣脱出门，依然是大伞一路擦刮着下楼，我再次往学校跑。

到了学校，同学们已经进教室了，是李老师开的门。她冷冷地看我一眼，以示我错误的严重，但她没说让我把钥匙交出来，再交给别的谁来管。还是我管。

她那一眼给我的委屈，还有管钥匙的烦恼，在这桩事早已过去了之后的一些年里反而发酵了，初中，高中，我写过两次作文写那个雪天的早晨。现在是第三次，到这个年纪，对同一件事的认识水平也该高些才对，我该提炼出些什么？就是我很伤心，以及在不断的反刍中觉得对不起妈妈吗？……

别怪老师，她把钥匙交给我，如果我能干，的确可以锻炼我，我就不能想出个办法来让同学放学后不在教室逗留？比起将来会碰到的难得多的难题，这算小事了。结果我毫无办法。光是读书聪明，常常不管用，一离开书和笔我就不行了。

再则是，我竟这么守规矩吗？像守着一只鸡蛋似的，生怕它破了，又想让圆溜溜的它立起来。要知道，不破不立啊！

2012 年 9 月 5 日—13 日

美术课

小学的课程是语文数学，数学语文，间或穿插着音乐，体育，美术。我最爱的是美术。从幼儿园到小学到中学，美术都是让我遍听了所有人赞美的课。

教美术的是汪老师。他是我们小学的美术老师，但他一个人教不了所有的年级所有的班，所以有时候美术课由其他的老师教，小学里经常是这样，如果一门课没人上，教语文的老师也可以临时去教数学，美术课如果汪老师安排不了，那就让能安排的老师来教。不过这些老师都教得很认真。有一段时间是一位四十多岁戴眼镜的女老师教我们画画。她表扬某个同学画的苹果真好："看，这苹果画得多好，这么红！她又涂蜡笔又涂水彩。"我就按这个标准，也把苹果又涂蜡笔又涂水彩，真不好涂，蜡笔是光滑带油性的，水彩跟它完全不相合，交上去了老师也依然笑眯眯地说："真好，真好。"还有一段时间是一位年约五十岁、身材魁梧、脸庞红润的刘老师教美术。他特别和蔼，说哪个小组纪律好，他就给这个组记一个五角星，表现继续好，就再加一个，上课时黑板上各个小组的五角星排成了行，课堂纪律好极了，大家都争着表现好。刘老师教我们剪纸，剪纸需要彩色的纸，从哪里来呢？他说："就用水彩颜料把纸涂上颜色，不就是彩纸了吗！"我们涂纸，折纸，剪纸，我们喜欢他的课。有一天下午，我带着我刚画好的画到学校，看见刘老师从那边来了，就站着等他过来，我把画给他看。他把我大大地夸奖了一番，他的夸奖是眼神到笑容到话语到姿态到，表达热烈，情感充沛，令我满心甜蜜，甜蜜了一下午。学期结束了，刘老师来了一趟我们班上，跟班主任说了些话就离开了。然后班主任告诉我们，刘老师送给我们表现最好的两个组每个人一盒蜡笔，从前排往后传，每人一盒。——还有多少人记得这位刘老师？

我不记得哪几个年级是汪老师教我们，但我一直在他的美术兴趣小组里，每周大概活动两次，去他的画室画画。

汪老师四十多岁，黑，瘦，常穿一件蓝布工人服，戴一顶蓝布鸭舌帽。他话少，总是沉默地吸烟。没课的时候他就在他的画室里画画。他的画室是两间连通的平房，墙上挂满了他的国画：山水、花鸟、蔬果。我的画他也挂起来了：一幅铅笔画的《秦琼卖马》，用玻璃框镶着。另一卷长轴的《八骏图》，我用毛笔勾勒了行坐卧的八匹马，树叶还没画，他要去，不还我了。但没挂出来，他收在柜子里，有一次省里的老师来参观,他拿出来展开给他们看,低声地说着什么。我就在旁边,但他并不说就是我画的。他从不夸奖我。他很少说谁画得好。

他的沉默吸烟的冷峻姿态让我觉得似曾相识,可想不出像谁。到五年级我终于想出来了,他像鲁迅。

后来有知情的同学说汪老师挺亏的:他是美院大专毕业,却教了一辈子小学。——说这话的时候,我们已经在中学里了,小学生不会懂得这些。汪老师的老婆我们都是见过的,很胖,很胖,梳两根短辫子,穿花裤子,他们住在离学校不远的一条街上。我的同学李沂去过他们家,向我模仿汪老师的老婆躺在内室床上的问话:"是哪个哇?"他们有个儿子,在我们学校读书,也在美术小组里。

三年级的一次美术课上,汪老师让我们作一幅创作画,表现"六一"儿童节。他在讲的时候我已经有了主意——图的中间画一个圆,圆里一个孩子托着腮在想:"六一"怎么过?圆的四周像太阳的光线一样发散出去,形成几个领域,每个领域里画一幅他在"六一"要做的事:跑步啦,看书啦,唱歌啦,跳橡皮筋啦,做好事打扫卫生啦。我随手就画好了交上去。

过了几天,汪老师把我叫到他的画室。问了我几遍:"这幅画真的是你想出来的?"我说是的。他很正经地跟我谈:要我把画的主题改成学雷锋,构图不变,重新画一幅,他投到报社去。我画了。孩子在中间的圆里思考怎样学雷锋做好事，四周是他在做各种好事。汪老师给我调好墨，让我勾勒一遍。等它干了他把它装进信封。

随后我就忘了这事。过了不知多久，一天下午，我们在教室里做作业，门口来了袁校长，把班主任叫出去说了一会儿。班主任笑眯眯地走到我跟前来，把一个信封放到我桌上，信封上印着《西陵报社》字样。拆开来，里面是一张报纸，我那幅画登出来了，还有一张稿费单，让我到报社取一元五角的稿费。放学后爸爸带着我，到二马路的一栋小楼上，上木楼梯，走木板地，到一个房间里取稿费。那里的叔叔们都和气地打量我，虽然谁也没有多说话。我平生挣的第一笔稿费，不是写文章，而是画画。但那张报纸没有留下来，我小时候画的一本又一本一幅又一幅的画，都没有留下来。

比这更早的时候，二年级，有一次老师让我们每人写一幅毛笔字交上去。那时候还没有书法班，偶尔写写书法描红，但没有人专门练过毛笔字。我们教室隔壁是校办工厂，老师经常去那里拿一些做纸盒的边角余料给我们听写，有一天有同学说袁校长在那儿，还有我写的那幅毛笔字也在那儿。这是什么意思呢？我没多想。随后班主任在班上说，最近市里有一个绘画、书法等项目的比赛，他们在全校预选了一下，虽然都没有训练过书法，但我的字最好，就让我去参加书法比赛，让其他两个画画不错的同学去参加绘画比赛。结果是，那两个参加绘画比赛的同学的作品都挂出来了，我的书法没有。假如我也去参加绘画比赛，我的画一定会挂出来，因为我的画，本来是最好的，可惜我的字也是最好，被拉去填空，使我轮空了。

上初中后，我们有一整年没有美术课，因为没有美术老师。后来有美术老师了，但美术已经在学习的主流之外，既然我的学习可以追求，美术当然就放下了。小时候大家都说我长大了会是一个画家，但是没有，我后来很少画画了。

从前汪老师让我投稿那一回，还同时让另一个女孩也画了一幅画投稿，和我的同时登出来了。那个女孩才上一年级，就开了这个好头，小学五年一直被汪老师带领着，多次经汪老师指导推荐，在报刊上发表画作。我搜了一下，她现在是湖北一所师范院校的美术老师。

2018 年 11 月 12 日

春风不醉

他出现在教室门口的时候,全班爆发出一阵哄堂大笑。我不知他们笑什么,往教室环看了一圈——后来他们说,笑是因为他当时头发是湿的,鼻子是红的,目光倒是炯炯,形象如长大了的匹诺曹。只有我没觉得他滑稽。他穿一件黑呢中山服,细竿儿的竹教鞭擒在他背着的双手之后。

他不笑,进教室,上第一课——把全班手到擒来。他不是滑稽,是幽默。他继续让全班笑个不停——为他而笑,而不是笑他。他像块磁石。全班齐齐坐着,没人走神,不愿漏掉他说的每一句话,隔不几分钟就有一次咯咯咯叽叽叽笑得全身打战的享受。他教的不是语文,而是没什么故事性的数学。

"……啊,这个定理,本来是中国人发现的。中国人非常聪明,但是也干了不少傻事——不说!不告诉别人!让别人笨下去!等过了几百年,一个叫韦达的外国人也发现了,告诉全世界知道,这个定理叫韦达定理!哼,就算不知道是哪个中国人发现的,我们至少也可以叫它'中国定理'嘛,这样今天外国人上课的时候就会讲:'今天我们讲中、国、定、理……'"他说最后一句时捏着嗓子拉长了脸,如戴了一张外国人的脸谱。他又一次成功了,三年级的小学生几乎经受不住这样疯狂的笑。

我一边笑,一边心里突突地跳。这韦达定理是初中的内容,他这是举例做笑谈。但是我知道韦达定理。我还知道杨辉三角形。我上幼儿园的时候,爸爸就教了我口诀:1;1、1;1、2、1;1、3、3、1;1、4、6、4、1;1、5、10、10、5、1……

我是学习委员,每天可以去他的办公室两次送作业本。他有事就嘱咐我做。他三十五六岁。他姓望。

我跟着他进办公室,嗫嚅着不好意思引出杨辉三角的话题。杨辉三角是我的资本,我若拿出来,他一定会惊异,而我暂时还承不住那种惊异。

但是李沂不像我们这么喜欢他。尤其不像我这么喜欢他。

李沂和我家住得很近。她长了张非常像瓜子的瓜子脸,又细又长,下巴尖尖的。回家的路上她说:"望老师叫望明开。他原来跟我妈是小学同学。他成绩蛮差,老是我妈帮助他。"

我说:"真的?"没想到能得知他这么底细的事。

李沂接着说:"他三十几岁才结婚。"她脸上有种蔑视。

她是那种小小年纪就能大人似的谈论事儿的人，像个小小女人，瞧不起没人要的男人。

我默默地听着，踩着脚下的沙。路边堆着一个高高的沙堆，我们每天都像爬山一样攀登它，从它的脊梁上踩过。

这天的数学课练习珠算。望老师提了一个很大的算盘来上课，把它挂在黑板上。他说这叫毛算盘，因为每一根杆上都有粗毛，可以固定住算盘珠。他说要叫一个同学上黑板来带领同学们练习。我的心开始跳，盼着他能叫我，又害怕他叫我。他叫了。他叫的就是我。

我走到了讲台上。他已经放好了一条板凳在黑板前面。他提着我的双肩，把我放到了板凳上站好，让我演示。

我念口诀："三下五除二。"把上面的一颗算盘珠拨下来，把下面的两颗拨下来。

他也念："三下五除二。"然后下面全班都念，并照做。

我又念："七上二去五进一。"他在后面把着我的手一起上下拨推算盘珠。

全班都七上二去五进一。

……

我回到座位上，开始打抖。肌肉和心理都紧张得过了分，一直抖到下课。我收齐了作业本，抱着跟望老师去办公室。他拎着大毛算盘走在我前面。

我说："望老师，您从前跟李沂的妈妈是同学吧？"

他笑着说是。

我说:"李沂说,你从前成绩不好,她妈妈老帮助您。"

他说:"呵呵呵。"

进了办公室,迎面看见邻班朱老师的一张笑脸。她很年轻,烫发,并不十分认识我,但她今天的笑容分明是冲我来的。她笑得有些暧昧,大有含义一样地看着我,好像看穿了我。我只有九岁,但这点直觉无比准确。我有点不能相信她那个暧昧的笑,但隔了二十年,那意味愈发分明了。我胆怯地出来了,在办公室外的墙边站了一会儿,克服了一阵羞窘的纠缠。

一个星期天的傍晚,我一个人在家楼下的两棵树之间跳橡皮筋。在学校一大堆人排着队跳老跳不够,一个人跳却没什么劲。在无意一转头的瞬间,我像看电影一样看见望老师向我走来。他在笑,怀里抱个孩子。

他说:"你住在这儿啊。"

我说:"哎。"

然后他就走了。

我回过了神。真没想到在这样一个黄昏,在家门口碰见他。他从我家门口经过。他问我:"你住在这儿啊。"他终于也问起了我的底细。

于是此后我在黄昏怀有一种相思之意。当然是不会碰见他第二次了。黄昏有种惆怅。我从很小很小开始,心里老得装一个人。这个人不管他是书里的、电影里的还是身边的，真的还是假的，好的还是坏的。

那年的暑假妈妈打算带我和妹妹回广东探亲。妈妈的家在广东的乡下。她自打结婚后到宜昌，一直都没回去过，主要是因为没有钱。回去一趟旅费得几百元，当时是很难攒的。我因为心里高兴，在放假前跟班主任讲了。班主任是位脸色红润、高门大嗓的妇女，她立即炸了出去，这消息好像引起了一阵轰动。出门旅行对我来说实在是件大事，所以我觉得别人的激动也是应该，我完全不知道事情被传成了一个巨大的误会。

一天望老师找到我说："听说你要去探亲？"

我说："哎。"

他说："你帮我带两本外国小人书回来。"

我说："好。"心里有点奇怪。我是去广东的乡下啊，那里有什么外国小人书呢？只怕还没有宜昌多。也许他知道我家有好多小人书，所以托我买？不管怎样，他说的话，我一定会像圣旨一样照办。

我在广东待了两个月。从乡村到较繁华的镇上，要走四十分钟。我在镇上的书店里选了两本外国小人书：一本《基度山恩仇记》，一本《伦敦奇遇》（也就是《百万英镑》）。闲着没事，我一遍遍地在纸上写我的计划：

"一、把两本小人书用白纸包好，交给望老师。……"

其实这所谓的计划完全没必要写,但我一遍遍写,觉得无比快乐。找了白纸把书包上,又拆开,体会他拆开的感觉。再仿佛是他在看的样子,把这两本书看一遍。

终于回去了。开学第一次上数学课,下课了我把白纸包着的小人书送到讲台上去给他。我很从容,那时候我是个文静怯懦的孩子。

他完全没有阔别之后的热情,以及对这份礼物的客气迎接。他淡然地一边拆我精心包好的白纸,一边说,"我还以为你是到外国去呢,"——我一愣,方才明白,本来大家都知道我爸爸是从印尼回国的,一直当作稀奇一样地谈论,原来他们都以为我是到印尼探亲去了!望老师沾满粉笔灰的手漫不经心地把那两本书随便一翻,往我面前一丢:"这个,不要。"

我把丢在我面前的两本书连同白纸拿起来,回到自己的座位上去了。我没有流露出任何情绪,我的心受伤了,但我觉得这是非分的而将它抹去了。从小到大我都这样,所以总有这种际遇来找我。但是我的心,怎么这样地纤细敏感,一般人感受不到的东西我都能加倍地感受到,并且,从小到大,它们堆积不化,周期性地折磨缠绕,使我泪下。

望老师这天把李沂说哭了。李沂成绩很差,望老师经常不留情地数落她。他这一天数落得特别狠:"……你还觉得自己不得了是不是?觉得你比我强是不是?说你妈帮助我,嘿嘿,那你怎么这么差呢?你配不配呀?"

他的每个字,敲在李沂心上也敲在我心上。我原以为他也会觉得小时候的事情有趣,他当时也是笑嘻嘻听着的。

仿佛小人书翻去了一页,我上四年级,他不再教我。曾想送给他的小人书停留在我手上——基度山伯爵,确切说是年轻时候的他,也就是水手埃德蒙·邓蒂斯,那个心地纯洁、满怀热望而遭受巨大冤屈被投入无底黑狱的青年,接下来占据了我的心。那份与生俱来、并不明确要施予谁的感情,继续在我生命中潜伏。它生生不已。

2001 年

小穗
现实与重现

天戟

　　小穗是小穗的乳名。人家叫我小麦,那么她就是小穗。

　　在怀她的九个月里我都没给她想出个名字。因为郑重其事,任何主意一产生就被自我否定,结果头脑一片空白。查字典的方法最不灵,尽管很多人都是这么干的,他们挑拣出来的好字、雅字、漂亮字,凑在一起却缺乏联系,现在市面上有好多雷同的这类名字。翻唐诗宋词也不灵,古人的佳句多了去,可它们跟你的孩子有什么关系呢?

　　我就要进医院了,头天晚上在家洗澡,花洒的水淋着,我没来由想到书柜里陈列的兵器架,有一种兵器叫方天画戟。于是我想出一个名字:赵天戟。本来"赵"是个不太好搭配名字的姓氏,但它稍具古风,跟"天戟"二字还合衬。男孩女孩都可以用,是女孩的话还更出挑些。我从浴室出来,告诉未子——就是小穗的爸爸——名字我起好了。十一点多,我在床上,北京的周晓枫打电话来,说她接到我的短信就上一个她常去的测名字的网站查了半天,赵天戟三个字一输进去，各方各面顿时呈现出一大片"吉"，并且总分高达99.5，她从未见过得分这么高的名字。我非常高兴，这一下就定了，我要让这杆方天画戟做我宝宝一生的守护神。

"……而且'小穗'和'天戟'之间还有联系。方天画戟上总是穿了流苏的，那就是'穗'。"我得意地对未子说。

我住进医院。我生了个女孩。

孩子一出生我就变了个人。整个怀孕期间我的情绪都高昂着，但在月子里，我不断地低落下去，我总是哭，对着孩子淌眼抹泪，无限感伤。我的世界改变了，我不再是我了。……

"哪个戟？"

"方天画戟的戟。"

"那哪个天呢？"

"方天画戟的天。"

"啊……哈哈，哈哈。这个名字，很有趣。"这是反应一。

"太凶了吧？一个女孩子怎么能叫赵天戟呢？"这是反应二。

"真难听，这是什么名字哟，快改掉！"这是反应三。街坊婆婆妈妈们多作此反应，使得我的妈妈和丈夫都不好意思把这个名字告诉她们。

而我也渐渐有了说不出口的忖度：这个名字是不是真的太凶了？太剑拔弩张了？它是我心气高昂时想出的名字，如今低落的我，不再扛得它起。这个"戟"字会不会戳伤宝宝？是否该换一个祥和的名字，充满爱怜之意的名字？

"那你再想一个呀，到满月上户口，还来得及。出生证可以改，不要紧，我不怕麻烦。"未子说。他察觉到我的动摇，非常高兴。

无所事事的九个月都想不出，要在忙乱不暇的月子里想，我连精神都没有了。最后在医院当着护士决断，我无法可想，只得改掉出生证上的"赵天戟"，换了一个我随口说出的名字。

小穗就这样与赵天戟失之交臂。我一时软弱，将那杆方天戟掉落。而未子他们都额手相夫，说我迷途知返了。

2007 年 4 月 24 日

小穗在麦子那里

1

湖边凌波门附近新起了两栋学生公寓,楼层不高,倾斜地对称,颜色式样都好看。因此遗下了几堆新土在靠湖边的草地上,自然地起伏,成了几弯线条圆润连绵的土丘。春天来了,土丘上长满了草。草越长越高——原来竟是麦子,外婆发现的。是谁种的麦子?真是会想。麦子长得很粗壮,碧绿的,出穗了,麦秸丛中还间种着豆荚。爬上土丘去看,它的背面还种了菜薹,连片的黄花。

要是我怀里的小穗大一点,她该多喜欢在这麦子丛中钻爬。站在土丘的脊梁上可以看湖。围墙外,湖边高大的梧桐树在给这土丘作背景,有风从湖上吹过来。

外婆说:"我下楼去找你们,小穗不在操场上,也不在裁缝那里,我想肯定是在麦子那里。"

是在麦子那里。看过麦子,我们又抱着小穗出凌波门去看湖,走上湖中简陋的堤。而穗的注意力,总是跟随着湖边路上一辆又一辆飞驰而过的汽车。

2006 年 3 月 29 日

2

一年过去,我们已经不住在湖的那边。前几天我在地上看到一茎麦穗,想起了湖那边的麦子。我就去了那边一趟。金色的夕阳里,土丘还在,而形状已非,没有种麦子了,丘上尽是野草、狗尾巴草。没有了可爱的麦子,土丘的形状也不复浑圆,它就是一堆原形毕露的建筑废土。我不死心地绕到背后,在一个旮旯儿里,我看见了五棵麦穗——是去年被遗落的五棵麦子,今年新发出嫩青的穗儿,带着峥嵘的芒刺,等我来找它们。我把它们连根拔起,带回家去。我书房里的花瓶,一直空着在等它们来插瓶。

"小穗,你看,这是小穗。妈妈以前叫小麦,所以你就叫小穗。你知道吗?这就是你的名字。"

2007 年 4 月 23 日

像妈妈

穗什么话都会说了。每天晚上洗完澡，我必定抱着她照一照浴室里的大镜子，问："小穗长得像谁呀？""像妈妈！"她立即回答，并将胳膊举起用力向下一挥，表示斩钉截铁之意。"像妈妈！你长得很像妈妈！"我应声虫似的尖声说，我俩彼此交抱着笑哈哈地进卧室去穿衣服。

其实穗长得像爸爸，人人都这么说，从穗出生他们就这么说。只有外婆坚持说我小时候就是这个样子的，尤其那高凸的额头，跟我一模一样。像我我是看不出来，除非拿我百天的照片来比较——真的像呢，我和未子都服了。我由此模糊知道为什么老人都想抱孙子，因为在新生的孙辈身上，他们会又看到自己年轻时生的那个孩子的模样。"就是眼睛不像，"外婆说，"要是眼睛也像，那就完全一样了。"

穗的眼睛完全是未子的。她生下来，所有人第一句话都问："是不是大眼睛？"——不是，偏偏眼睛像爸爸。而且还是单眼皮。我的最大的优点就这样没继承上。不过我很爱穗的眼睛，清亮的，形状像两叶橄榄。我心里是庆幸的：假如她长了一双我的眼睛，那她的内心就会像我，过分地纤细，会吃苦的。她的心像她爹就好：宽广、宽厚、平和，能够载福。

她的小手小脚则是微缩了的我的手脚，真让人惊叹，我握着她的手简直像握着我自己的。我猜想她以后也一定写一笔好字，会画画，因为她的手就是我的手。

2005 年 10 月 9 日；2007 年 5 月 4 日

喂奶的难题

穗出生那会儿,我学着样子喂奶。有奶还是没奶,我把自己错误地归作了前者,其实真要用二分法的话,奶少的也该叫没有奶的,我当时不懂。我看见过自己的几滴奶,又信了书上的话:奶不会不够的,宝宝订多少货你就会产多少。照书学喂奶,是缘木求鱼;没奶的人跟有奶的人交流,是鸡同鸭讲;我的性子又爱钻牛角尖,比如我一定要搞清楚,穗吃了多少,吃多少才算饱——如此种种导致喂奶这件最自然而然的事,我不会。

满月之前,我简直是成天地喂奶。穗一吃就是个把小时,她好像可以一直吃下去,一停下来就哭,反复多次,非要再冲牛奶补足,她才不哭了。这说明母乳不足吧,但人人都说奶是越吃越有,所以我就尽力地喂,才喂完一个漫长的过程,隔不多久又开始新的一轮。眼睁睁看着时钟转过一圈去,又转过一圈去,我坐得腰疼,背疼,屁股疼,髋骨疼,颈椎疼,精疲力竭。孩子出生了,人人当我是架喂奶机器,而我没有产量。抑郁的时候，真想朝窗外扑出去，真的——抑郁不光是因为喂奶，还有别的，比如你坐月子的床，你天天坐牢似的困在上面，它就是培养产后抑郁症的温床。

医生说这样不行，建议每次喂半小时然后补牛奶。那时穗还小，两样都肯吃，等她稍大，就变成吃了我的奶就不吃奶瓶，于是改为一顿母乳，一顿牛奶。母乳吃了多少，谁也不知道，我认为我奶不足，吃我的奶约等于没吃，只有牛奶那一顿才会使她饱。满月之后，穗不再叫饿，她的饥饱就全由我揣摩。纯母乳喂养的妈妈们是两小时喂一次，纯牛奶喂养则是四小时喂一次，我混合喂养，操作起来相当麻烦。宝宝该吃了吧，怎么喂呢？喂我的奶怕她不饱，直接冲牛奶又怕身上的奶浪费了。医生的话也是自相矛盾的，她既要我多喂，说喂得频繁才会促进乳汁分泌，同时又说我奶不足就攒多点再喂，容器要多装点再倒空，它下次才能装得更多。

估摸着穗饿了，大致估计一个量，冲好牛奶。可她只吃一点，或根本不吃。按奶粉说明书上的说法，宝宝喝剩下的牛奶要立即倒掉，你要照着做的话，昂贵的进口奶粉大半都该倒掉了。还不是放进冰箱存着。隔一阵拿出来，烫热了再喂，她仍是不吃。那就吃我的奶吧。吃了一点我的奶，下一次又不吃牛奶。冰箱里的那瓶牛奶，一会儿拿出来烫，一会儿放进去冰，反复几次，不敢再给她吃，只得由我喝掉。为了让她确切地吃饱，干脆绕过母乳直接冲牛奶，那么我的奶水,一连好几个小时不喂,势必越来越少。而且喂奶瓶既慢又容易吐,花了差不多一个小时才喂下去,往往在大功即将告成的最后一刻她一下全吐出来,剩一个深受挫败、心绪恶劣的我,呆着脸看着地上那一大摊牛奶。

白天喂得困难,夜里倒相对容易些。穗睡着了倒肯吃,还不易吐,所以我每天晚上熬着,熬到十一点半喂一次才睡(要喂到十二点过),四点钟再起来喂一次。医生说你这样不行,你休息不好奶水更少。外婆则说这样会造成恶性循环,让宝宝吃颠倒了,专门白天不吃晚上吃;而且晚上她在睡觉,喂了不易消化,会使情况更糟。我简直无所适从,无论怎么做都是不对。

我尝试过最笨的办法:把奶全挤出来,用奶瓶喂,把母乳当牛奶喂。这样的确规律了,定时定量,易于掌握,既保证了她吃饱,又不浪费母乳。但这个方法实在笨,又极不方便:明明可以直接喂,我却得先消毒吸奶器,再花时间挤,再消毒奶瓶,再把奶倒进去加热,再提心吊胆地喂,防她吐。穗饿了等不及我都得这样做;而且为了不影响下一次,我不能随意地喂,也不能用躺着喂这种最有效的方式哄她睡觉。这还不算,用奶瓶喂母乳最大的损失是,明明喂的是母乳,却没有喂奶的姿势、感觉与感情,"你这叫喂奶吗?"人家笑我。

医生说:"你为什么要喂得这么机械呢?"没带过孩子的

女友说:"喂奶不应该这般麻烦吧?"奶水好的妈妈说:"给她吃就行了嘛!顺其自然嘛!"她们在局外,才能说出这些明智的话,没人懂得我的困境与无助,只有碰到跟我情形相似的女人们,她们不用我啰啰唆唆地描述就心领神会——她们也一样在把奶挤出来喂。直到现在,她们中有人一听说我当时是混合喂养就请教我该怎么喂,我立即大幅度地摆手:"我不会喂!我就是不知道该怎么喂!"

喂奶我喂得颠三倒四,乱七八糟,一塌糊涂,饶是如此,我还坚持"喂"到了小穗一岁。断奶对我和小穗毫无困难,我不给她吃,她也就不吃了,而且自始至终,我的奶没胀过,断奶那些天都不胀,让我怀疑我是不是做了长时间的无用功。最近我懊悔地说起我的喂奶经验,未子说:"悔什么呢?你很值得表扬嘛!"我说:"那你当时怎么不表扬我?"

2005年10月10日;2007年5月4日

穗子呀，你快点吃

穗子吃奶一向很慢。吃一顿一个小时，我总像被钉子钉在沙发上一样喂她吃。书上说一次喂奶不应超过二十分钟，我还是想让她吃完预定的数量。未子跟外婆都说："她不吃就算了嘛！"我是妈妈，我受不了她不吃，我是错的也要坚持。这几天她又不吃。好不容易等到她好像哭着要吃了，急急冲了来喂，她的小嘴嗫嚅着吸吮，那是近乎无效的一种吃，半个多小时后拔出来看，居然才吃了10毫升！昨晚未子上课去了，我就这样喂了一个多小时也喂不进去，照这个速度，喂到天亮也喂不完的。无声的灯下我抱着她，静止的姿势中，我其实已经焦躁得快抽搐了，却又不甘心罢手松歇，也没个人来点破我一声："算了！"今天有难上的课要备，有表格要填，桌上的碗筷还一片狼藉，这些都要等她吃完哄她睡了才能做。我急哭了。她看着我——她是能看懂人的表情的，她就一直瞪圆了眼睛看她眼前我的号啕。最后，她的眼圈红起来，挣着要哭的样子。

我的事情我已经不打算做了，她的事情——做操啦，玩耍啦，练习翻身啦，晒太阳啦，都因为占时太久的喂奶而来不及做。医生就爱开各种药：钙片、鱼肝油、维生素等，还有每天建议补充的果汁、菜水、蛋黄、米粉，每一样都怕引起吐奶而必须与喂奶隔开半小时以上，锻炼也必须与喂奶隔开半小时以上——一天之中哪有那么多时间可供隔开来分配？我早已停了一切药片，医生开单我也不拿，每天能把奶喂清楚就不错了。

穗今天是吃得最少的一天。就没怎么吃。上午好不容易吃了 70 毫升，又吐了。傍晚我抱她出去走走。外面冷，她戴着小帽，好像不太高兴，没有情绪。回来泻肚子了。泻完高兴了一些，笑了。喂她婴儿素。冲牛奶，先冲 60 她吃得还好，再冲 60 她睡着了。醒了就再不肯吃，我改用小勺喂，她哭闹，后来就吐了。我估计她泻肚是因为吃奶太慢导致后面的奶凉掉的缘故。用毛巾包着也管不到那么长时间。分开两次来冲的话，可能她本来吃得很好，有这个接头她就不肯再吃，而且有这个拐弯也不好操作，如果没人协助，就要先冲好两个半瓶，用热水温着，设法预算好两瓶间隔的温度差，当然这还取决于她吃的速度——待她吃完半瓶，尽可能快地转换到第二个半瓶，企望她保持同样速度吃下去。天天用的贝亲牌 120 毫升小奶瓶，我已经熟稔到它倒过来穗子正在吃的时候我都能判断剩余多少毫升，十分准确。前天未子失手摔破了这个小奶瓶，另外两个安怡牌小奶瓶因为奶嘴形状不同，穗子不适应，故只好换用另一个贝亲240毫升大奶瓶，我顿时失了方寸，不仅没了判断，连握它的手势都不对劲，愈加难喂，奶也凉得更快。……

我操作的技术再娴熟，我也是操作不当。她不吃，我简直没办法。每每听到别的妈妈说："很快啊，他（她）十分钟就吃完了……"我就觉得我失败极了，陷入郁闷中。

2005年12月2日

我是 mama

穗满五个月的那天晚上,她发出 mama 的音。次日她喊了一天:mama,mama,她渐渐演变成看不见我的时候就这样喊,等我出现就不喊了。她不见得知道 mama 是什么意思,反正她把我叫作 mama。

我知道她是无意识的,也没有太高兴。因为,我很喜欢她目前的无语言状态,咿咿呀呀,就是她尽力的表达。她满一百天后,早上我喂她吃奶,她总是先不吃,看着我,笑,笑,对我有表不尽的情,然后才去吃。隔着一个距离我向她招手,叫:"小穗!穗!穗呀!"她看见我,立即绽开笑脸——她就这样肯定了我,这是比叫 mama 更高的评价。

比起最初的懵懂,她已经懂事多了,可是我不愿意她懂事太快。我和她并排坐在沙发上,她不时回过头看我,笑一下。她到底懂得了多少呢?等她再大一点,什么都懂了似的,反不如现在有趣呢。

穗六个月,有一段时间有这样的表现:我扭身走进房间,她马上扁嘴要哭；我闻声出来，她就笑了。试了多次都是这样，看见妈妈出来，她马上笑得眉眼弯弯的。

来，妈妈抱！我伸出手。穗子也就伸出手。我抱她照镜子，她认得镜中的我，老看，对那个我笑。她可能在思索，镜子里的我和我的关系。

穗七个月，只肯跟妈妈睡了，本来中午还肯跟外婆睡的。妈妈在旁边她就能睡着，妈妈一起身，她马上醒，哭。午饭后，陪穗子睡；晚饭后（才八点多），又陪穗子睡——妈妈不累，但是很闷哪，时间不是耗过去，就是睡过去。

从第一声"mama"和接下来的"babamama"，到她一岁时我仍不能判断她是否是有意地呼唤。我说："小穗你说'妈妈'。"她就说："妈妈。"我说："小穗你说'爸爸'。"她就说："爸爸。"但她并不有意叫我们，只偶尔会看着我说："妈妈？"她一到晚上就恋我，我放开她她就哭。外婆把她抱过去，她一急大叫了一声："妈妈！"这是有意的，一定了。从那以后，每天早上都是她的积极发音时间。她睡醒了，就看着我们，一遍又一遍地叫：爸爸、爸爸、爸爸，妈妈、妈妈、妈妈。她的发音是标准的普通话，第一个字有声调，第二个字发轻声。她叫得我们心花怒放。

一天我坐在沙发上，穗坐在旁边外婆腿上。她突然伸手把我的肩膀一扳，扳向她，然后对我巧笑——她这个动作是哪里来的呢？是她灵机突至，童蒙初开，还是神灵借她的小手借她的笑靥,给我这一年多的辛苦一个酬答?我记下了这一天:她一岁两个月。满一岁半了,她还在练习一些两个字的词的发音,这天她站在飘窗窗台上玩,忽然感喟地来了个长句:"哎——哟我的爸爸妈妈。"

2007年5月4日

华容道

小穗一岁，开始玩华容道。

华容道我怀疑是个圈套。它不是买给小穗的玩具，是我早些年自己买来玩的。连续几个晚上埋着头推来推去，曹操都出不来，只是枉自地转圈，我的颈椎都痛了。朱子说这是骗人的，于是我丢开了。小穗一岁，会吃饭了，每天下午我用它来哄她吃饭。

我把华容道放在餐台上，教她：这是曹操，关羽，张飞，赵云，黄忠，马超。教了几遍，要她认，她准确地指出了这六个人，无一错误。我以为是碰巧，再试，朱子也来试，试了多遍，小穗都能指对，绝少出错，令人惊奇。这并不是很好认的，连我们都觉得这几个顶盔贯甲的人大同小异，小穗凭了什么分辨他们呢？也许她有她的观察方式，我们熟视无睹的，她则有隐秘的捕捉。

小孩子的潜力巨大，但我并不注重开发。小穗满了一岁，她出生时我们被医院哄着办的所谓贵宾卡终于快用完了,几个月没去医院做"智力体能测试",使我丢掉了压力。要是去了准又挨批评,受打击:她怎么还不能这样啊,还不会那样啊?你怎么还不教她这个那个啊?——准的。管他呢,我们不要做天才宝宝。天津的赵玫女士曾教我一句话,我觉得很有帮助:孩子小的时候,不要跟别人比来比去的。是啊,比个啥呢,没有意思。黄永玉先生的万荷堂有条堂规,也颇可爱:"携带可爱或自以为可爱之子女,望各自约束教管,严禁在本堂当众表演背唐诗与唱歌跳舞蛊惑人心。……打扰旁人兴致,糟蹋浪费他人时间,一律予以口头谴责;不听,泼水浇之令其清醒,欢送出堂。"

小穗没什么过人之处,但她认得三国人物。什么玩具买回家她就不玩了,唯独这个华容道,她天天都在盘弄。她最先会说的是曹操。"曹操"其实也属于叠字,是最简单的。逐渐她会说代表性的一个字,举起关羽来给我们看:"羽。"再举起张飞:"飞。"再后来她能说全这些人的名字了:"关羽。张飞。赵云。马超。"她逐一告诉我们。

2007 年 4 月 25 日

万奶奶语录

万奶奶六十七岁,身板硬朗,热心快肠,每家每户事无巨细她无所不晓,并总在发表意见,引导舆论。

前几天,为穗穗的营养问题万奶奶把我们训得俯首帖耳。"你们早上起得太晚了!穗穗一夜没吃东西,你们还九点钟才给她吃,饿这么久能行吗?你坐月子的时候我碰见你妈早上在外面散步,说你们都还在睡觉,我说你怎么这么有福气,生了这乖个伢呢?哪个小伢不是多早就闹起来!你们家简直不像才生了小孩的人家。现在孩子大了,你还光给她吃奶,米粉也不加,水果也不喂,这怎么行呢?孩子出生时长得多好,现在瘦了!"穗的确是瘦了,外婆又不在这里,我们只得听万奶奶的,从次日起就积极整改,建立起新的饮食起居时间表。

新时间表实行后,我们向万奶奶汇报:穗穗七点就起来的。下楼活动活动,七点半就吃奶。吃240毫升,加了米粉的。九点半吃水果,是不爱吃,但是每天多少喂一点,慢慢会爱吃的。穗穗在学步车里走得很好了，在床上也会爬了。万奶奶点头赞许。最令她满意的是，我们按她的指示，把奶粉牌子换成了雅培。"雅培好！"她说，"那个谁，以前不听我的，非要给孩子喂国产奶粉。你看她那孩子长得多瘦多小，是个小金人！"

只两天，万奶奶就评论："你们穗穗营养跟上来了。"又过两天，她说："穗穗现在颜色好看些了，红。"我没看到红，穗穗一直白。昨天她又说："穗穗长好了些哩！你看到没有？她两边的腮帮子现在有两个嘟嘟，是肉肉。"——本来就这样呀，我也只好说嗯嗯。

万奶奶批评我们不注重营养的时候以格格为例："他们给她喂好多东西呢！别看她个儿小，格格很有劲呢！"格格每两个小时就吃一次东西，穗穗一天只吃四次。昨天，万奶奶把话又绕过来说了："两个小时喂一次？那不把胃搞坏了？我看了他们蒸的鸡蛋，蒸得像个鬼！"当时元元的奶奶在旁边喂他吃奶，元元吐了一口，他奶奶又接着喂。万奶奶急了："他吐了就莫把他吃了呀，还喂！瞎喂！鬼奶奶！"又回头看穗穗："穗穗闹，是不是要喝水？——是的吧？喝这多水，鬼妈妈不晓得！"

2006年7月17日

操场上

等着,要等过一截时间的距离,才能看得更清楚——我们在屋后大操场上度过的每一个夏日傍晚。太阳落下去了,余晖涂染着阔大的操场。绿草坪无比舒适,每天都有人在修剪,让它更合度。垫几张报纸,我们坐下。小穗还没学会走路的时候,我们在干什么呢?我竟记不起了,大约总是抱着她吧,彼此依偎。远处有一只好大的黑鸟,它天天来,我们天天看到它。不断有这一方的熟人聚拢来,都是年轻的父母抱着孩子,我们说话,逗孩子,吹风。

小穗在学步车里,嗒嗒地走。她走得很快,直起身子,像跑。跑累了,腿一软轰一下坐下。傍晚太阳已落,塑胶操场的余温还未散。小穗在这平坦坦的大场地上驾驭她的学步车,她总爱往操场边缘的铁架子看台这边跑,这个方向因而在我们的视觉上就有了点倾斜,使她的跑动具有一种顺流直下的势头。许多人跟我们一道看她演练,她风风火火地加速向我们跑来,一边嘴里呜里哇啦地大声发出一连串音节,表达她不知什么的意思。看着她的人都大笑说:"你在说什么!"她发音活跃,可能快说话了,她的说话与学步在同步进行。

小穗在草坪上学走路。我和耒子相对而坐,相距不足一米,让小穗从他走向我,再从我走向他。把着穗的肩臂让她处于平衡状态,站稳了,稳了一秒、两秒、三秒、好些秒,站稳了,她也就想往前走,一二三四,少则四步多则七步,她扑进我张开的怀里,格格笑着。从远处走来的熟人便喝彩:"好啊好啊,要走路了啊!"

教穗学说话:"抱!"穗说:"罢!"又教:"花。"她说:"哇。"她舌头渐渐灵便了,每天呜里哇啦不知说什么。她说:"呜!不得不得不得。""我要!""哎耶。"

操场边上住着个比小穗大二十多天的孩子——那女孩厉害,走路早,力气大,个子倒是比小穗矮一头——小穗和她两个碰到了,彼此都非常高兴地互相尖叫,大笑,她们的语言是相通的,只我们不懂。那天邢孩子挨打了,哭了,小穗在旁边看着,也哭起来。

要上楼去吃晚饭了,我们玩耍的收梢是我把穗举高:一下、一下、一下,举到树荫的底色里。穗格格地笑——她被托举到谁都够不着的庇荫里了。

2007年6月18日

树下开会

八月盛夏，屋里热，楼下风凉，每天早晨八点不到我们就收拾全套装备下楼去。包括：学步车、草席、床单（做学步带用）、穗的备用短裤二条、隔汗布一块、玩具二件、穗的水瓶、我的水杯、水果、小刀、小勺、驱蚊器、风油精、卫生纸、报纸、手机等，加上穗子要抱，需要两个人才能搬运到目的地。装备齐全，穗子可以坐，可以爬，可以躺，可以在学步车里走路，还可以牵着她走——尽管她在车子里跑得飞快，但不经过牵着走这一环是不会真学会走路的。我跟末子轮换，一个人带穗子在楼下盘桓到中午，省出另一个人在家里工作兼做饭。

我们的草席铺在一棵最繁茂的大树下。这一带的梧桐树林，前几年建塑胶操场给毫不留情地锯掉了绝大一半，这棵外围的平房边的大树侥幸留存，兀自丰美，有着巨大的树冠和浓密的枝叶。我们坐下不久，楼上的元元也来了，他奶奶也带了草席，两张草席拼起来，其他小宝宝也陆续到了，大家都来坐。路过的人说，嚯，小宝宝开会呢。

元元不好带。每天早上四五点钟就醒，开始折腾，抱在怀里一刻不停地动。他爷爷奶奶都七十多了，奶奶抱不动他，爷爷抱他下楼之后还得去买菜，奶奶一个人看着，经常奈他不何。元元什么东西都抓着放在嘴里咬，咬咬。前几天半夜里肚子疼，哭闹不止，天黑又下雨，他爸爸妈妈只好打着伞在楼下走来走去地哄他，好歹把他哄睡了，次日早晨竟屙出一团硬纸——他什么时候吃下去的？上个月在湖边玩，又被狗扑了一下，跑医院打预防针，要打五次，每针70元，去还得打的。元元中午不肯睡觉，闹。午后烈日当顶，他爷爷奶奶抱着他下楼去找地方转悠，打着伞，带着小板凳，提着包，步履蹒跚。此时他年迈体弱的奶奶坐在草席上，怨怼地嘟哝："姐姐几乖。你是个坏蛋。姐姐几乖。你是个浑蛋。"

但元元可壮实了。他爷爷从食堂买来一碗面，我们围拢来看八个月的元元怎么吃面。他真会吃，爷爷一筷子夹起一团面，并不掐断，喂到他嘴里他吸溜就进去了，像个大人在吃面似的。面掉了一根在地上，他奶奶去捡，万奶奶急得说："不要了！不要了！"——回过头对我做个鬼脸；他奶奶把那根面条甩了出去。万奶奶接过碗来帮着喂，我扶小穗站着在旁边看，格格的小姨也在看，眼光羡慕。格格的小姨每天做好多种辅食喂格格，但她总是吐出来，一口都不吃。

2006年8月11日

梦甜

小牙刷买好久了,总没开始用,以为难弄。谁知小穗爱刷牙。我把牙刷洗好伸到她嘴边,她就张开嘴,把牙齿展露出来供我刷。我刷,她觉得非常有趣,呵呵地笑,上上下下配合我的动作。

每天的程序她都了如指掌了。晚上我抱她去洗,她就回头招呼:"爸爸!"洗是要爸爸一起来的,他抱着她,我打水给她洗。逐渐我一个人就能够操作这一系列步骤,她也就不叫她爸爸了。洗完必须是我陪她上床睡。我偶尔流露出要爸爸陪她的意思,她就要哭,要我。

我跟她躺一个被窝,我搂着她。她穿一层棉布衣服的小身体,软软的,温暖的,恰好一搂,非常适合搂,在被窝里搂着她的感觉多么好啊!我跟她脸贴脸,鼻子对鼻子。她笑得眉眼弯弯的,真是可爱呀。我不必哄她睡,陪她躺着她就睡着了,逐渐我不再陪她躺下,把她安顿好,我就在床边的小桌上打开电脑开始工作,她翻滚一会儿也自睡了。有时她中途醒来,想哭,我在旁说:"不哭啊小穗,妈妈在,在。"她看看我,把哭收回去,又睡了。也有不奏效的时候,我就放弃做事陪她睡下,她高兴地呵呵笑几声,我能感觉到她的安心和满足。

早上醒来,我和末子在她两边用各种声调叫她:"小穗——!小穗——!""穗"字给我们咬得很用劲,很碎,很造作,把要表达的喜爱都挤进了这个字里头。穗听得欢欣鼓舞,我们乐此不疲。

亲爱的穗穗,小穗小穗。亲爱的小穗,穗穗穗穗。我的痴语,出口成章。

昨天半夜一点多钟,小穗在睡梦里笑出了声。"哈、哈!"她笑,隔不久,又是,"……呵!"我和末子一左一右凑近她的脸看,她闭着眼,笑得露出两排小白牙。

2007 年 1 月 14 日

拟状

今天我们第一次爬山。晚上我问:"小穗,爬山怎样爬?"

小穗就埋下头,双手做向上攀爬的样子。其实爬山并没有动用双手,这是她理解的爬山的写意吧?看来她当时是用了些劲的,不然不必有如此的形容。

"那洗澡怎样洗呢?"——她刚洗了澡,我们下午逛商场、吃火锅弄得一身汗。她就蹲身做拂水到腿上状。我们笑个不了,我笑得打跌,她笑眯了。

"妈妈怎样笑?"

她眉眼夸张地笑给我看。

"婆婆怎样笑?"

她笑得眼睛眯起,嘴扁扁,好像是有点苍老之意。

2007年1月30日

爬山

1

小穗从一岁八个月起,我每天带她去爬山。

那时候停课放寒假了,我有时间天天带她,能够做规律性的计划。上午九点多钟,我们到达九区的一个进山口。把手推车停在那里,我们沿阶梯走捷径到山的上一层去,我走阶梯,小穗走阶梯旁边的斜坡,我牵她。进山口那里经常聚集着几个孩子,他们也上山,但都只走几步就不走了,只有小穗一直往上走。走上一截,走过山腰上正在翻修的老别墅,接着再往上,斜坡变陡了,小穗还能上,只到末了最陡的地方,我才抱她上了最后几级阶梯。小穗真不错啊!这样我们就抵达了上面一层,是阔平的一条山路,太阳光透过山间的林子照在我们身上。山下的孩子已经看不到了。我们接着走,沿山腰走了好长一段,走到铺满鹅卵石的一块坝子上,那里有几个老人在锻炼。我发现这块坝子的所在地是经过了选择的,它下面的树林恰好低矮一些,太阳就没有遮拦地照耀在它之上。

爬过一次山,次日又去爬,我就决定坚持下去了。多爬山,令孩子和我强壮,我愿意小穗是在山里渐渐长大的孩子。山是这样的山:林木葱茏,阳光温柔,鸟在啾啾地叫。山间矗立着一些上世纪三四十年代的文人居住过的老别墅。山里没有人认识我,也可以说都认识我了:这个每天带着一岁多的孩子来把山爬一遍的女人。我的小小的穗,她跟着我爬山。

2007 年 1 月 30 日

2

我走在路上没人搭理,带着穗,搭理我的人就很多了。在山里碰到的老人,看见穗都会心地微笑,总要停下来关心地问她有多大,有没有两岁。听说才一岁多,他们都诧异而赞许。跟我一样带着孩子的女人常要跟我比比孩子的大小、身高。学生们爱逗弄一下小穗,年长些的在行妇女则都称赞这小孩带得好,说穗长得好,"颜色好"。从前我们屡受批评,在我带她爬山之后,我们就总是受表扬了。几个月前穗的小脸儿还是苍白的,人见了都说她白,常去医院看病,医生说"这个孩子营养不太好"。现在她的腮帮子上老有两片红，捏捏她的腿，肉紧紧的。她个儿高，同龄的孩子没她高，比她大好几个月的也往往没她高。这些个月我们再没进过医院，除了打预防针——赶快摸摸木头，法文系的冯老师告诉我的，法国人怕好话说不得，说了就赶快"摸摸木头"。

春天来了，春天好极了。走在山里满目明绿，每一棵高高的树，都随着风微微地摆动树冠，整个的树林子则是错落地摆动，如心旌摇荡。阳光被密密的树叶分割得细碎，碎金一样洒下来。小穗对走惯的山路非常熟稔了：从这一头上山，那一头下来，下来正好就是北三区那片坝子，阳光在春天又移到了坝子上面，孩子们又来这边玩了。爬过山的我们，加入进去。

2007 年 4 月 7 日

叠印

小穗两岁了。我象征性地订了一盒蛋糕,最小号的。晚上吃蛋糕的照片效果不好,摄像还有趣:穗喂我们每个人吃蛋糕。多么厚的奶油,我们都怕,躲不过了只好吞下。她又叉了一大匙朝爸爸奔去,爸爸惨叫,录像便戛然而止。我们开电脑欣赏刚摄的像,里外两个虚实世界,我们在穿梭重叠。

我说了两年了:我要把小穗的照片整理出一批送去洗。小穗的照片真是一张都没洗出来过。有了数码相机之后又有小穗,我们无成本、无穷尽地拍她,说是不好的就删掉,但其实一张也不舍得删,全在电脑里。电脑里装不下了,倒腾到移动硬盘上去,所以等闲也不得见了。照片越来越多,我说要整理的话都是白说,越来越难去做。小穗两岁了,她近期的兴趣,是临睡前看我们的旧影集,每次看两本,并且要"妈妈讲"。那么看她自己的照片又会如何?我找出储存照片的移动硬盘,开始整理。有点惊讶——我们以为记得分明的小穗最初的照片,现在看竟有些不像了,我、未子、外婆都有这个感觉。

小穗刚生出来时真丑啊,我们当时却觉得她好看,痴痴地看不够。她现在才好看,像一朵时时微有变化的花儿似的,而保持着一个基本的廓形,那就是我总想捕捉、定格的,小穗的最典型的小模样:眼睛弯起,笑,一股流动的灵秀气是在额头还是腮帮,还是在笑生发的两颊,我不能确定。相机不能摄入的,就是给妈妈的眼睛单独留的,可是记忆并不牢靠,它们在不断流失。一个小孩,从小长大。她长得太快,我抱她再紧也抱的不是她小身体里蕴蓄着的那个曾经存在过的,更小的她。我不能同时拥有她在一长串时光中走过的叠印。

我搭同事的便车,经过我们从前住过的湖滨。湖滨有如此浓密的树,在大坡的两旁,经过车窗的剪切取景,它们更是遮天蔽日,因此而晦暗的车里便特别适宜怀旧。从前的我每天在这树荫下走过。走过了十二年之后,小穗来了,我抱着她在树荫下走过。她三四个月大的时候,电视剧《大长今》热播,我没时间看,而那主题曲渗透进来,成了那一段我彷徨地、磕磕绊绊地带她的伴奏。只要一听到《大长今》的歌,那段时光就回来了——黄昏,大风吹起,我站在空旷的操场,望着围绕在四周的高高的树巅。我想回去吗?我敢倒回去再重新走一遍吗?要走过之后才知道当时的怯弱,我现在的双脚,虚浮了。

2007 年 6 月 18 日